ISTVÁN WESSEL

Home Burger
FEITO EM CASA É MAIS GOSTOSO

ENGLISH VERSION
Home Burger
HOME MADE, BETTER TASTE!

ISTVÁN WESSEL

Home Burger
FEITO EM CASA É MAIS GOSTOSO

ILUSTRAÇÕES
Jotah

Sumário
CONTENTS

INTRODUÇÃO.. **09**
Introduction

PRINCÍPIOS DO HAMBÚRGUER................ **13**
The principles of the hamburger

UM POUCO DE HISTÓRIA........................ **21**
A little bit of history

RECEITAS... **27**
Recipes

ÍNDICE DAS RECEITAS........................... **108**
Recipes index

© COMPANHIA EDITORA NACIONAL, 2012 – TODOS OS DIREITOS RESERVADOS
2ª Edição – São Paulo – 2012

DIRETOR SUPERINTENDENTE / CEO
Jorge Yunes

GERENTE EDITORIAL / EDITORIAL MANAGER
Silvia Tocci Masini

EDITORES / EDITORS
Isney Savoy, Edgar Costa e Silva e Rodrigo Mendes de Almeida

EDITOR-ASSISTENTE / ASSISTANT EDITOR
Thiago Mlaker

ASSISTENTE EDITORIAL / EDITORIAL ASSISTANT
Pedro Cunha

COORDENAÇÃO DE ARTE / ART EDITOR
Márcia Matos

VERSÃO PARA O INGLÊS / ENGLISH VERSION
Julia Brasil

REVISÃO / REVIEW
Tatiana Anders

PROJETO GRÁFICO / GRAPHIC PROJECT
Titi Wessel

ILUSTRAÇÕES / ILLUSTRATIONS
Jotah

Av. Alexandre Mackenzie, 619 Jaguaré
São Paulo SP 05322-000 Brasil
Tel.: (11) 2799-7799
www.editoranacional.com.br
editoras@editoranacional.com.br

DADOS INTERNACIONAIS DE CATALOGAÇÃO NA PUBLICAÇÃO (CIP)
(CÂMARA BRASILEIRA DO LIVRO, SP, BRASIL)

Wessel, István
    Home Burger : feito em casa é mais gostoso / István Wessel; [versão para o inglês/English version Julia Brasil; ilustrações/ilustrations Jotah]. -- 2. ed. -- São Paulo : Companhia Editora Nacional, 2011. -- (Coleção Estilo Wessel)

Edição bilíngue: português / inglês.
ISBN 978-85-04-01778-6

1. Culinária (Hamburgueres)
I. Jotah. II. Título III. Série.

11-12803   CDD-641.622

Índice para catálogo sistemático:
1. Hamburgeres : Culinária : Economia doméstica 641.622

"Depois de um bom jantar, pode-se perdoar qualquer um, até os parentes."
"After a good dinner, one can forgive anyone, even the relatives."

OSCAR WILDE
dramaturgo, escritor e poeta irlandês
Irish playwright, writer and poet

Introdução

INTRODUCTION

COMEÇOU COMO UM SÍMBOLO da comilança americana e passou a ser chamada, lá mesmo, de *junk food* (comida barata, sem valor) e, até chegar aos redutos da alta gastronomia, levou muitos anos.

Tempos atrás, em uma viagem para pesquisar o melhor hambúrguer, a melhor opção acabou sendo a de um verdadeiro buraco, em Miami. Nossa Vigilância Sanitária certamente teria lacrado o ponto e levado o gerente algemado. Era um horror!

Em Nova York, como hambúrguer há décadas! Um endereço imperdível lá é o velho P. J. Clarke's. O lugar é uma casa histórica tombada. Eles servem provavelmente o melhor dos tradicionais *burgers* da cidade, desde 1884, quando apenas charretes e carruagens circulavam pela região. Ao certo, essa casa também seria fechada por nossa Vigilância Sanitária, pois o banheiro masculino fica literalmente dentro do bar. É aconselhável que as moças entrem pelo apertado bar olhando sempre para a esquerda, pois à direita fica a porta que, quando aberta, expõe tudo que se passa lá dentro. O Clarke's, como é carinhosamente chamado, fica na Terceira Avenida, esquina com a Rua 55.

Ainda em Nova York, em 2007, de frente para o Lincoln Center, abriu uma nova casa, excelente para uma saideira depois de um concerto, balé ou ópera. O hambúrguer deles não tem nenhum grande segredo — ou melhor, tem. É feito apenas de carne e gordura bovina, temperado com sal e pimenta-do-reino moída na hora,

IT STARTED AS A SYMBOL of the American binge and began to be called "junk food" (worthless, cheap food) and, it took years to reach the high gastronomy.

Some time ago, when I was travelling to do research on the best hamburgers, the best option ended up in a very bad place in Miami. Brazilian Sanitary Agency would certainly have closed that place and taken the manager to jail. It was terrible!

In New York, I have eaten hamburgers for ages. There is a place you can't miss which is the old P.J.Clarke's. The place is a historical listed building. They have probably been serving the best of the traditional burgers in town since 1884, when only wagons and carts were around. Certainly, this house would also be closed down by our Sanitary Agency, for the men's restroom is literally inside the bar. It's advisable that ladies entering the bar should only look at their left side, since on the right, there is the door of the restroom, which is always wide-open, and everything that is happening in there is exposed. The Clarke's, as it is kindly called, is on The Third Avenue and 55th Street.

Still in New York, in 2007, a new place was open in front of Lincoln Center, excellent for an after-concert, ballet or opera snack. Their hamburger has no real secret – or better put- they do. It's made only with beef and its fat, seasoned with salt and freshly ground black pepper. If you travel to New York, don't miss it.

servido em um pão de primeira. Em uma viagem pela cidade, não deixe de conhecer!

Nestas páginas iniciais, mostraremos os princípios de como preparar os hambúrgueres e as vantagens de fazê-los em casa — como diz o subtítulo do livro, "feito em casa é mais gostoso". Além disso, contaremos uma das muitas histórias que cercam esse ícone.

A importância dos temperos e do pão certos também será tratada. O pão é fundamental. O recheio contribui, quando muito, com 50% do sucesso. Se o pão não for de primeira, o sanduíche nunca será. Este pode ser o tradicional redondo e — por que não? — a *ciabatta*, a minibaguete ou um gostoso pão de cereais quadrado. Vai fazer tudo isso com um hambúrguer redondo?! Daí vem uma das vantagens de se fazer o *burger* em casa: adaptar seu formato ao tipo do pão.

Para um hambúrguer comprado pronto ser muito bom, não deve ter temperos, conservantes ou antioxidantes. Isso acontece por uma razão muito simples: esses ingredientes todos vão reagindo com a carne ao longo do tempo. E, quando dizemos ao longo do tempo, significa muito tempo, pois a maioria dos hambúrgueres prontos tem prazo de validade entre 6 e 12 meses. Nesse período, muita coisa pode acontecer! Os supermercados são um mundo à parte. As principais lojas atendem 5 mil pessoas por dia. Muitos consumidores largam produtos pela loja ou no caixa e, às vezes, essas mercadorias demoram a retornar ao congelador, que é seu "habitat" ideal. Resultado, pode não fazer mal à saúde, mas, que perde sabor, ah, isso perde! Já no hambúrguer feito em casa, preparado e grelhado na hora, você tem um mundo de ingredientes que podem ser agregados para incrementar o sabor, a textura e a aparência.

Os *burgers* podem ser feitos com muitas carnes — sejam elas bovinas, suínas, ovinas, de vitelo, de aves (como frango, peru ou pato), de peixes crus e defumados — e até sem carne, como nos *veggies*. Pode ser uma refeição perfeita inclusive para quem consome comida *kosher*, *halal* ou outros alimentos étnicos.

In these first pages, we will show you the basic principles of how to prepare hamburgers and the advantages of making them at home – as this book subtitle says: "homemade tastes better". In addition to this, we will tell you one of the various stories that surround this icon.

The importance of the spices and the right type of bread will be also dealt in this book. The choice of bread is fundamental. Its filling contributes only at the most 50%. If the bread is not first class, the sandwich will not be either. The bread can be the traditional round one, and why not? - The *ciabatta*, the mini baguette, or the tasty square cereal bread.

For a ready-made hamburger to be really good, it should not have spices, preservatives and antioxidants. The reason is simple- all these ingredients start to react with the meat along the time. When we say along the time, we mean a long time, for most of the ready-made hamburgers have a shelf life between 6 to 12 months. During this time, many things can happen! The supermarkets are a world apart. The main stores serve 5 thousand people a day. Many customers leave the products throughout the shop, on the checkout, and sometimes these goods take a long time to return

Quando os hambúrgueres foram criados, a ideia era fazer uma refeição simples e barata. Com os anos, o prato foi evoluindo e é hoje um dos mais versáteis que podem sair de uma cozinha contemporânea. Quase tudo que dá para moer e moldar pode virar um hambúrguer! É uma opção perfeita para uma refeição noturna, por exemplo.

Muitos consagrados *chefs* de cozinha têm reinventado o hambúrguer. Pode ser cordeiro moído dentro de um pão *pita* (sírio) com uma salada de pepino e iogurte, ou até um peito de pato defumado moído com sua gordura dentro de duas densas fatias de *pumpernickel*. Pode até ser um cogumelo *shiitake* inteiro, bem grande, dentro de um bagel tostadinho na grelha. O burger criado pelo *celebrity chef* Daniel Boulud em seu DB Bistrot Moderne não tem nada de "simplesinho". Trata-se de contrafilé moído misturado com costela bovina desossada e marinada em vinho tinto, braseada e misturada com *foie gras*. Tudo isso, com legumes grelhados e trufas negras, servido em um pão redondo coberto de gergelim e *grana padano* ralado grosso. Esse burger seria um desafio para o mais experimentado e confiante chef caseiro.

Talvez a forma menos intimidadora de fazer um hambúrguer recheado em casa seria marinar uma fraldinha e fritá-la até chegar ao ponto. Então, picar em pedacinhos e misturar com cenoura, cebola e salsão picados e grelhados. Agora é a hora de juntar tudo isso com alcatra moída, moldar e fritar.

Com a facilidade cada vez maior de encontrar ingredientes frescos, a aventura de cozinheiros de fim de semana torna-se menos perigosa e muito mais fácil. Eles estão percebendo o que os grandes *chefs* sabem há muito tempo: quanto melhores são os ingredientes, melhores serão os pratos. Com um pouco de criatividade, o mundo do hambúrguer pode ser uma vasta e gostosa aventura gastronômica.

COMO USAR ESTE LIVRO

Esta obra é dividida de acordo com o ingrediente principal. Sempre indicamos o pão mais apropriado, pois, como dissemos, ele pode até salvar um hambúrguer que não deu

to the refrigerators or freezers - their ideal "habitat". The result is not always a disease, but the loss in flavor, for sure! As for the homemade hamburger, prepared and grilled as you eat, you have a great variety of ingredients, which can be added to enhance flavor, texture and appearance.

The burgers can be made with different kinds of meat – beef, pork, lamb, veal, bird, raw and smoked fish – or even without meat, like the veggies. It can be the perfect meal for those who eat *kosher*, *halal* or other ethnic cooking

When the hamburgers were created, the idea was to have a simple and cheap meal. With time, the dish has developed into the most versatile dish coming out of a contemporary cuisine. Almost everything that can be ground or molded can be turned into a hamburger! This one is the perfect option for night meals, for instance.

Many renowned chefs have been reinventing the hamburger. It can be minced lamb inside *Pita* (Syrian) bread with a cucumber and yogurt salad, or even minced smoked duck breast with the fat on, inside two thick slices of *pumpernickel*. It can also be with a whole *shiitake* mushroom, very big, inside a bagel toasted on the grill. The burger created by celebrity chef Daniel Boulud in his DB Bistrot Moderne has nothing to do with "simple". It's about ground striploin mixed with beef rib boned and marinated in red wine, seared and mixed with *foie gras*. All this is served with grilled vegetables and black truffles, served in a round bread roll coated with sesame and roughly grated *grana padano* cheese. This burger would be a challenge for the most experienced and confident chef.

Since it has become easier and easier to find fresh ingredients, the cooks' adventure on the weekends has been less dangerous and a lot easier. They are realizing what the great chefs have known for a long time: the better the ingredients, the tastier the dishes. With a bit of creativity, the world of hamburgers may be a vast and delicious gastronomic adventure.

tão certo. Entretanto fique à vontade para inventar. Criar é o melhor que a gente pode fazer na vida, não somente na cozinha. Junte o que você acha que combina melhor, e aí vão duas dicas: os ingredientes frescos combinam muito bem e, se puder esquentar ou dar uma grelhada no pão, é sempre melhor. A maioria das receitas rende quatro *burgers*, a fim de facilitar seu trabalho e compreensão.

Acredito piamente que, para fazer ótimos *burgers*, não são necessários utensílios sofisticados nem grandes experiências anteriores. Criatividade é tudo, desde que você tenha alguns poucos princípios na cabeça (veja a seguir).

O que você precisa ter em casa é um moedor de carne ou um processador de alimentos. No caso de moedor, seria bom um disco com furos maiores (por volta de 6 mm) e outro com furos finos (3 a 4 mm). Cuidado com o processador, pois ele corta com muita velocidade! Assim, é sempre melhor ir batendo aos poucos. Dessa forma, você pode "brincar" com as texturas.

O ponto do hambúrguer depende dos ingredientes. Em cada receita são indicados os pontos que levam a um melhor resultado.

HOW TO USE THIS BOOK

This work is divided according to the main ingredients. We always suggest the most appropriate kind of bread, for, as we have already said, it may "save" a hamburger, which hasn't worked out. So please feel free to invent. Creating new things is the best we can do, and not just in the kitchen. Put together everything you think tastes more delicious, and here go two tips: fresh ingredients are always tastier, and, it's even better if you can heat or grill the bread beforehand. Just to make your job a little easier, most recipes serve 4 people.

I strongly believe that, to make excellent burgers, we need neither sophisticated utensils nor previous experience. Creativity is the word, once you have some basic principles in mind. What you will need is a meat grinder or a food processor. As for the grinder, it must have a good disc with larger holes (around 6 mm) and another one with thinner holes (3-4 mm). Be careful with the food processor, because it is fast at cutting. Then, beat the ingredients little by little. This way you can "play" with the textures.

The setting point for hamburgers will depend on the ingredients. In each recipe there are different points that lead to better results.

Princípios
do hambúrger

THE PRINCIPLES OF THE HAMBURGER

OS INGREDIENTES E O PREPARO

Qualquer um pode fazer um grande hambúrguer, mesmo aqueles que se vangloriam de não saber fazer um ovo cozido. Hambúrguer é basicamente carne moída moldada em um determinado formato e espessura. Quanto mais malpassado você quiser o hambúrguer, mais grosso ele deve ser moldado; quanto mais bem passado, mais fino. Neste livro, o tempo é estimado para hambúrgueres com aproximadamente 1,5 cm de espessura.

A CARNE

A carne pode (e deve) ter gordura, mas nunca nervos. A gordura derrete durante o preparo, e o nervo endurece. Há uma lenda de que é preciso misturar algo que "dê liga". Eu discordo frontalmente. O simples ato de moer a carne e misturá-la a outros ingredientes já é suficiente para dar a tal liga. A gordura, como disse, é fundamental. É sempre melhor que a gordura e a carne sejam do mesmo animal, pois, além de os sabores combinarem mais, a mistura fica mais homogênea. De um modo geral, a quantidade de gordura deve ser por volta de 15% do total. Isso quer dizer que, para 1 kg de hambúrguer, deve-se usar 150 g de gordura e 850 g de carne. Moa a gordura em disco com furo mais fino que a carne, se possível, e misture muito bem antes de moldar. Quando juntar os outros ingredientes e temperos não use sal. Em geral, fica melhor salgar o *burger* de ambos os lados, depois de moldado, bem na hora de fritar.

THE INGREDIENTS AND THE PREPARATION

Anyone can make a great hamburger; even those who boast that they can't even boil an egg. Hamburger means basically ground meat in a certain shape and thickness. The more you want the burger medium rare, the thicker it must be shaped: the more well-done, the thinner. In this book, the estimated time is for hamburgers about 1.5 cm thick.

THE MEAT

The meat can and must have fat, but never nerves. The fat melts and the nerve hardens as you prepare it. There's an old tale that says you need to add something in order to make the ingredients "glue". I strongly disagree. The fact that you grind the meat and mix it with the other ingredients is enough to make them stick to each other. The fat is essential in this process, and it is advisable to have the meat and the fat of the same animal, since the flavors will match and you will have a more homogenous mixture. Generally, the amount of fat should be around 15% of the total. That means, if you have 1 kg of hamburger, you will have to use 150 g of fat and 850 g of meat. Grind the fat with a disc, which has thinner holes than the meat, if possible, and mix well before molding it. When you add the other ingredients and spices, don't use salt. Usually,

O PÃO

O pão é fundamental. Quanto mais fresco, melhor. Se o pão não estiver tão fresco, borrife-o com água e coloque-o em forno preaquecido a 180°C. Importante: isso só pode ser feito com qualquer pão inteiro (sem fatiar), uma única vez e bem na hora de usar. Pão recuperado dura muito menos que o pão fresco da padaria. Portanto, fique esperto: só reaqueça o pão na hora de usar.

O pão grelhado um pouco na frigideira ou em uma grelha fica melhor. Se passar manteiga antes disso, ainda melhor, pois o pão fica selado e o suco da carne demora mais para penetrar e amolecê-lo.

it's better to season with salt both sides of the hamburger after shaping it, just before frying.

THE BREAD

The bread is essential. The fresher, the better. If the bread is not so fresh, sprinkle it with water and put it in a pre-heated oven to 180ºC. Important: you can only do this with the whole loaf (without slicing it), just once and when you are ready to use it. This way, the bread lasts less long than the one you buy fresh in the bakery. Therefore, be careful and just pre-heat it if you're using it right away.

Uma das grandes vantagens de fazer hambúrguer em casa é, como já dissemos, poder moldá-lo ao formato do pão. Aqueles pães alemães tipo *pumpernickel* ou de sete cereais, bem densos, são ótimos! Para eles, é melhor que você molde o burger em formato quadrado.

O PREPARO

O hambúrguer deve ser frito na hora em que for moldado. Uma opção é congelá-lo, embalando um a um em filme de PVC. Não é aconselhável guardá-lo pronto na geladeira.

O hambúrguer deve ser sempre suculento. Se puser menos de 10% de gordura, ele fica seco e duro. Isso mesmo: até carne moída fica dura se usada de maneira inadequada. A gordura é fundamental. O excesso vai derreter. O que restar na carne é o necessário para o hambúrguer ficar suculento. Depois de tudo isso, chamá-lo de comida barata, ou *junk food*, seria, no mínimo, uma grande injustiça.

Fazer quatro ou oito hambúrgueres demora o mesmo tempo. O que influenciará no tempo de preparo é, principalmente, a espessura dos *burgers*.

Eles podem ser congelados sem prejuízo, mas alguns cuidados devem ser tomados. Ao prepará-los, embale-os individualmente, já moldados. Nunca congele a massa inteira. Na hora de fritá-los existem duas formas, com igual resultado. A primeira é levar à frigideira direto do *freezer*. Se o hambúrguer estiver sem tempero, frite um pouco de ambos os lados, retire, tempere e volte à frigideira para terminar o preparo. Se for temperado, é só fritar. O burger descongela e chega ao ponto na sequência. Para se ter uma ideia, um hambúrguer congelado com 1,5 cm de espessura demora no máximo 12 minutos para ficar pronto. A outra forma, se você quiser reduzir o tempo para a metade, é colocá-lo no micro-ondas por 1 minuto, antes de levá-lo à frigideira, já aquecida.

OS MOLHOS

Vários molhos enriquecem o *burger*, seja no pão ou no prato. Experimente os *chutney* (de manga, de tomate etc.), geleia de pimenta e de menta (esta última no

Grilled bread on the frying pan or on the barbecue grill tastes even better. If you spread butter before grilling is even better the bread is sealed and the juice of the meat takes longer to penetrate and soften it.

One of the great advantages of making hamburgers at home is that we can mold it the same shape as the bread. Those kinds of bread like the German ones, pumpernickel or brown bread are great because they are thick. If you are going to use them, you'd better mold the meat in square shape.

THE PREPARATION

The hamburger must be fried right after you shape it. You can also freeze them separately in wrapping film. It's not advisable to keep them cooked in the fridge.

The hamburger must be always juicy. If you use less than 10% of fat, it will get hard and dry. That is exactly this: minced meat gets hard if it's not made with the appropriate amount of fat. So fat is essential; its excess will melt. What remains from the meat is necessary for the burger to be juicy. After all this, calling it cheap food, or junk food, would be at the least, totally unfair.

It will take you the same time to make 4 or 8 hamburgers. What changes the preparation time is mainly how thick the burger is.

The burgers can be frozen, but some care should be taken. When you prepare them, wrap them one at a time, (they should be already molded). Never freeze the whole piece. There are two ways of frying them: first, take them to the frying pan directly from the freezer. If they are not seasoned yet, fry both sides quickly, remove them, season, and then, return them to the frying pan to finish. If you had already seasoned them, just fry them: the burger defrosts as you fry: to have an idea, a 1.5cm burger will take at most 12 minutes to get ready. Secondly, if you want to save time, just defrost it in the microwave oven (for 1 minute) before frying on a preheated frying pan.

caso de burgers de cordeiro), pimentões assados, pesto de manjericão e pasta de azeitona. Todos esses molhos acrescentam sabores aos burgers tradicionais. Não se amedronte… Ouse! Experimente combinações que você nunca fez. O pior que pode acontecer é criar uma boa novidade. Aventuras culinárias são seguras, legais, divertidas e, se feitas com moderação, não engordam. Não sou bom de matemática, mas, fazendo uma análise combinatória com os muitos tipos de burgers, pães e molhos, dá para ter uma ideia das infinitas opções que podem ser obtidas com um pouco de técnica e muita criatividade.

O SAL E O SAL TEMPERADO

Eu prefiro salgar os dois lados do hambúrguer somente na hora de grelhar. Acrescentar sal à mistura resulta em excesso de manipulação dos ingredientes.

Devemos salgar de acordo com o teor de sal dos outros ingredientes. Assim, em alguns hambúrgueres deste livro, há ingredientes que já têm algum teor de sal, por exemplo, os chamados blue cheeses (como o roquefort e o gorgonzola). Mais uma razão para que a gente não salgue a mistura.

Muito boa ideia também é temperar o sal. Soa meio estranho, mas não é. O sal é fundamental, pois traz à tona todos os sabores dos ingredientes. E por que não melhorar ainda mais?

Coloque em um almofariz, ou um pilão, o sal grosso com alguns aditivos para turbinar seu sabor. A proporção em geral é de 10% de outro ingrediente para 90% de sal. Como exemplo, comecemos pelo mais simples: sal com pimenta-do-reino. Coloque, no pilão, o sal grosso com a pimenta-do-reino moída na hora. Amasse bem e coloque em um vidro com uma tampa bem vedada. Assim você poderá usá-lo por muito tempo. Pegue embalagens vazias de geleias ou maioneses com boa tampa e guarde. Etiquete, colocando o nome da mistura e a data. Assim, quando for usar, não terá dúvidas. Além da pimenta, você pode acrescentar ervas frescas: alecrim fresco para usar com cordeiro, manjericão para aves,

THE SAUCES

Many sauces improve the taste, either on the bread or on the dish. Try the chutney (mango, tomato, etc.) pepper and mint jelly (especially on the lamb burgers), roasted red bell peppers, pesto and olive paste. All these sauces add flavors to the traditional burgers. Don't be afraid… Dare! Experiment combinations you have never tested. The worst you can do is to create a new recipe. Culinary adventures are safe, cool, fun, and if made with moderation, you will not put on weight. I'm not good at math, but making a combinatory analysis of the various types of burgers, bread and sauces, one can have an idea of how infinite the options are, with just a little bit of technique and a lot of creativity.

SALT AND SEASONED SALT

I prefer to season both sides of the burger only when it's time to grill it. Adding salt to the mixture results in excess of handling of the ingredients.

We should season with salt according to the amount of salt of the other ingredients. So, in some hamburgers in this book, there are ingredients that have already some salt. They are called blue cheese (like Rockford and Gorgonzola). This is another reason why we shouldn't add salt to the mixture.

Another good idea is to add spices to the salt. It sounds a bit strange, but it isn't. Salt is indispensable, since it provides all the flavors of the ingredients. Why not improving even more?

Put coarse salt in a mortar and pestle and add some more ingredients to enhance its taste. The ideal proportion is 10% of any other ingredient to 90% of salt. For instance, let's start by the simplest one: salt with black pepper. Put the salt and the freshly ground pepper into the mortar and press the pestle to grind the ingredients. Keep the mix in a jar with a lid to seal it completely. This way, you will be able to use the mix for a long time. You can save jam jars for later use and you can also label them with the different mixtures you make. Don't forget to write the date. Besides black pepper, you

tomilho para carnes de boi. Esses sais temperados não serão usados apenas com hambúrgueres. Naturalmente, você poderá usá-los em muitos outros pratos. O sal com pimenta pode ser guardado por bastante tempo, mas, no caso das ervas, convém misturar mais em cima da hora. Ok, pode ser de véspera! Mas o vidro deve ser bem vedado e mantido na geladeira. Assim, os aromas se conservarão por vários dias.

A PIMENTA

A pimenta-do-reino melhora todas as carnes grelhadas, sobretudo se moída na hora. Em vez de misturar pimenta à massa (o que só a deixará mais ardida), moa-a sobre o *burger* pronto. Assim, você aproveitará melhor o seu aroma e sabor, que infelizmente se volatiliza rapidamente.

can add fresh herbs like fresh rosemary for lamb, basil for birds, and thyme for beef. These mixtures of salt with spice as will not only be used in hamburgers, but also with many other kinds of dishes. Salt and pepper can be kept in the jar for a longer time; however, as for the other herbs it's advisable to mix them as you cook. Ok! No problem if you do it the day before, but the jar must be completely sealed and kept in the fridge. This way, the smell and flavor will last for many days.

THE PEPPER

Black pepper improves all kinds of grilled meat, especially if it is freshly ground. Instead of mixing the pepper to the dough (what will render it hotter), grid it over the ready burger. This way, you will enjoy its aroma and taste better; otherwise, they may quickly disappear.

Regras de ouro do hambúrguer

► Manuseie o hambúrguer o mínimo possível. Quanto menos contato com o calor das mãos, melhor. A carne moída é muito mais sensível que a carne em peças, lembre-se! Ao acrescentar outros ingredientes, faça-o com cuidado — assim que eles estiverem incorporados, pare de manusear.

► Como neste livro todas as receitas são para quatro porções, divida a massa em quatro, amasse, aperte e achate até ficar com 1,5 a 2 cm de espessura. Lembre-se: hambúrguer mais grosso para deixá-lo mais malpassado e mais fino para que fique bem passado.

► Não pressione os hambúrgueres enquanto estiverem fritando, assim você manterá o seu suco interno. Deixo os hambúrgueres fritar com calma. Quanto mais malpassado você preferir servir, mais alto deve ser o fogo; quanto mais bem passado, mais baixo. Comece sempre em fogo alto para selar rapidamente.

► Vire os hambúrgueres apenas uma vez. Isso também ajudará a manter a suculência. Como em todo bom steak, a suculência deve ser preservada.

The golden rules for the hamburger

► Handle the hamburger the minimum possible. The less contact with your hands, the better. Ground meat is much more sensitive than the meat cuts. Remember! Be careful as you add the other ingredients - don't handle the meat after you have finished adding the ingredients.

► As the recipes in this book serve 4 people, divide the dough into four parts, squeeze it and render it flat, about 1.5 to 2 cm thick. Remember; make thicker hamburgers if you want them rare; and, thinner if you like them well-done.

► Do not press the hamburgers as you fry them. This way, you will keep their juices inside. Take your time frying them. If you like them rare, the heat must be high; if you want them well-done, the heat must be lower. Always cook first on a high heat, just to sear the meat quickly.

► Turn the hamburgers just once. This will also help keep the juices. Like in a good steak, the juices are very important and should be preserved.

▶ Limpe a grelha antes de fritar os hambúrgueres, senão o precioso prato que você preparou poderá grudar. Nunca use muito óleo, apenas unte a frigideira ou chapa.

▶ Ao preparar hambúrgueres mais magros numa grelha de churrasco, tais como de frango ou peixe, unte-a primeiramente com um papel-toalha embebido em bastante óleo vegetal.

▶ Organize-se. Na cozinha a organização é fundamental. Prepare os pratos e os pães em que você servirá os hambúrgueres antes de começar a grelhá-los. Fica uma delícia se você der uma torrada no pão. E, se passar manteiga antes, fica ainda melhor. Se usar grelha de churrasqueira, toste o pão nela, fica muito bom.

▶ Separe todos os condimentos que irá usar. Assim, você terá tudo à mão quando o hambúrguer estiver grelhado e poderá colocá-lo diretamente no pão, ainda quente e suculento.

▶ Clean the grill before frying the hamburgers, otherwise your precious dish may stick to it. Never use too much oil, just grease the frying pan or the griddle.

▶ If you are making hamburgers with lower-fat meat like chicken or fish on the barbecue grill, grease it with towel paper and a lot of oil.

▶ Organize yourself: organization in the kitchen is fundamental. Prepare the dishes and the kinds of bread you will use before starting to fry the hamburgers. It's tastier if you toast the bread beforehand. If you use the grill in the barbecue, it's even better.

▶ Put aside all the ingredients you will use. This way, you will have everything you need nearby when the hamburgers are grilled. Then you will be able to put them right away inside the bread, still hot and juicy.

Lembrete importante: o óleo vegetal em *spray*, seja de milho ou de semente de girassol, pode ser muito útil para fritar burgers mais delicados como os vegetarianos ou os de peixe. Como esses *burgers* "desmontam" facilmente ao virar, é bom untá-los antes de levar à frigideira. Se perceber que está grudado no fundo, não force. Desgrude-o com a espátula cuidadosamente e borrife um pouco de óleo por baixo antes de virá-lo.

UTENSÍLIOS E EQUIPAMENTOS

Você pode gastar uma fortuna com fogões. Muitos custam o preço de um automóvel, mas o mais importante custa bem pouco: uma boa espátula. O ideal é aquela de lâmina de aço, bem flexível, ou, se sua frigideira for antiaderente, uma com lâmina não-metálica. Em um bife, você consegue espetar um garfão para virar. No caso do hambúrguer, isso não é possível; por isso nunca se esqueça de ter a espátula à mão.

Important note: vegetable oil spray, corn or sunflower, can be very useful to fry more delicate burgers like the vegetarian as well as the fish ones. As they "fall apart" very easily when you turn them over, it's good to grease them before taking them to the fridge. If you realize they are sticking on the pan, don't use force. Use a spatula to help it come off.

TOOLS AND EQUIPMENTS

You can spend a fortune on stoves. Many cost the price of a car, but most importantly tool that you need costs very cheap: a good spatula. The stainless steel one is ideal, but if your frying pan is Teflon coated, you'd better use the non-metal spatulas. When you are cooking a steak, you can use the fork to prick it and turn it over; however, you can't do this in a hamburger. So, never forget to have your spatula in your hands!

FOGÃO E CHURRASQUEIRA

O fogão pode ser elétrico ou a gás. O importante é que seja forte, que tenha uma boa chama. Nos *burgers*, como nos bifes, selar rapidamente é da maior importância.

No caso de churrasqueira, que dá um ótimo resultado, lembre-se de acendê-la com bastante antecedência. O ciclo da gordura pingando, com a consequente geração de fumaça, agrega à carne um aroma inesquecível — sejam peças ou *burgers*. Não temos, aqui no Brasil, o hábito de servir hambúrguer nos churrascos, mas um *miniburger* de picanha como aperitivo é muito bom.

FRIGIDEIRA E CHAPA

A frigideira tem que ser pesada, seja de alumínio ou de ferro fundido. Como muitas vezes levamos o *burger* congelado à frigideira, é fundamental que a carne não cozinhe, mas frite. E rápido!

Fritar hambúrgueres suja muito o fogão. Uma boa forma de reduzir a sujeira é ter à mão uma grande peneira metálica. Cubra a frigideira com a peneira. A peneira

STOVE AND BARBECUE GRILL

You can use either a gas or electric stove. It's important that they are strong and have good heat. It's essential to sear the burgers quickly.

If you are using the barbecue, remember to lighten the fire some time in advance; the result will be incredible. When the fat drops, generating smoke, it adds a wonderful aroma to the meat - be those cuts or burgers. We don't have the habit of serving hamburgers in barbecues in Brazil, but a mini picanha burger as an appetizer is an excellent idea.

FRYING PAN OR GRIDDLE

The frying pan must be heavy, either of aluminum or cast iron. As quite often we take the burgers directly from the fridge to the pan, it's essential that the meat does not cook, but fry, and fast!

Frying hamburgers leave your stove very dirty. One way to reduce dirt is to have a big metal sieve. Cover the pan with the sieve and you won't have the

"breca" os respingos de gordura, mas deixa o vapor passar, evitando que a carne cozinhe. Nunca coloque na frigideira mais de dois hambúrgueres de uma vez, para que fritem do começo ao fim.

Você deve sempre fritar hambúrguer de ouvido, ou melhor, com o ouvido. Enquanto você ouvir o "shshshsh…" ou "xxxxxxx…" está tudo em ordem. Quando não, é porque o hambúrguer está cozinhando, e daí, problemas à vista.

Existem à venda, nas lojas especializadas, chapas de ferro fundido para uma ou duas bocas de fogão que são igualmente boas. Podem ser ranhuradas ou lisas. As ranhuradas deixam os burgers um pouco menos gordurosos. É questão de gosto, e isso não se discute.

PANELAS PESADAS

Uma boa panela pesada também é uma opção, principalmente para reduzir a quantidade de gordura que espirra para o fogão. Ela nunca deve ser tampada, é claro, mas nunca é demais a gente lembrar. Se a panela for de aço, use com cuidado, pois pode ficar muito quente e queimar a carne.

oil popping up. The steam will pass through the holes of the sieve (and this will also prevent the meat from overcooking). Never lay more than two burgers on the pan at the same time, otherwise they may not fry homogenously.

You must always fry your burger "by the ear": that is, when you hear the sound "shshshsh…" everything is doing fine. When you don't hear these sounds, it's because the burger is cooking, not frying: so, you may have problems.

You may find cast iron griddles for sale in cooking stores. There are the ones with one or two burners. They can have ribbed and flat surfaces. The ribbed ones leave the burgers a little bit less greasy. It doesn't matter which one you choose. There's no accounting for taste.

HEAVY PANS

A good heavy pan is also an option, mainly if you want to reduce the amount of fat that spills over your stove. It's always good to remind you that a lid should never cover the pan. If the pan is made of stainless steel, be careful, because it may get too hot and burn the meat.

Um pouco de história

A LITTLE BIT OF HISTORY

EXISTEM MUITAS HISTÓRIAS do hambúrguer. Esta é uma média aritmética de todas as que conheci.

OS HÚNGAROS E O HAMBÚRGUER

Não é que até na história do hambúrguer os húngaros meteram a colher? Pois é. Os textos do epicurista húngaro Louis Szathmáry revelam que, no final do século 16, embutidos de carne moída e carne bovina temperada eram conhecidos pelos britânicos como linguiças hamburguesas. Em 1837, o cardápio do famoso restaurante Delmonico, fundado por Giovanni Del Monico e que se tornou um ícone de Nova York, já anunciava um tal *hamburger steak*.

Szathmáry era um homem grande, com um bigode típico dos húngaros da Transilvânia. Em todas as fotos que vi dele, ele aparece com um jaleco branco e um "toque" de *chef*. Nascido em Budapeste, Hungria, em 1919, ele recebeu o diploma de jornalista e o título de doutor em Psicologia. Em 1951, desembarcou do S.S. Hershey, no porto de Nova York, varado de fome.

O irmão de Szathmáry, Géza, tinha chegado à América alguns anos antes. Ele o encontrou no porto e levou-o imediatamente para uma barraca de hambúrguer das redondezas. Foi então que ele provou um hambúrguer coberto com ketchup, mostarda, cebola picada, uma fatia de tomate, uma folha de alface, tudo enfiado num pão levemente adocicado — de textura mole, mas de crosta meio crocante —, e acompanhado de batatas fritas. Essa

THERE ARE MANY POPULAR STORIES involving the hamburger. I will tell you some I know.

THE HUNGARIANS AND THE BURGER

Did you know that the Hungarians have something to do with hamburgers? So it is. The texts written by the Hungarian epicurean Louis Szathmáry reveal that in the late 16th century, the British knew the ground cold meat and the seasoned meat as well as the "Hamburg sausages". In 1837, the menu of the renowned restaurant Delmonico, founded by Giovanni Del Monico, which had become an icon in New York, had already been offering the so-called hamburger steak.

Szathmáry was a big man, with a moustache typical of the Hungarians from Transylvania. In all his photos, he appears in a white lab coat with a touch of a "chef". Born in Budapest, Hungary, in 1919 he received his Journalism degree and his PhD in Psychology. In 1951 he arrived in New York harbor from the S.S. Hershey, starving.

His brother, Géza, had come to America some years before him. He met him in the harbor and immediately took him to a hamburger stall nearby. That's when he tried the first hamburger with ketchup, mustard, chopped onions, and a slice of tomato, lettuce, everything inside a slightly sweet piece of bread – a little bit soggy, but with a crunchy crust –

and French fries. Szathmáry never forgot that. We don't know if his delicious memories were because of the hamburger or because of the freedom of the new country; but we do know that years later his declaration was: "That hamburger was just the paradise: I will always remember that taste-forever!"

In order to guarantee his income and be able to buy more hamburgers in the future, Szathmáry did what many immigrants did: he got a job in a restaurant. At that time, he thought it would be a temporary job. But his training and discipline of the war times in the Hungarian army proved to be a more profitable ability than (it was the 50's) Psychology. For 4 years he was the executive chef to the Mutual Broadcasting System, the largest radio network in the United States. In the following decades, he worked as a culinary consultant, carrying on businesses in the food industry. In the early 60's, he already had his own restaurant in Chicago, The Bakery.

When Szathmáry was not cooking, he used to collect culinary books. He ran his hands through a shopping list written in pencil by John Hancock, the menu to the banquet served to Abraham Lincoln, in 1865, and many other rarities. Szathmáry was able to take advantage of each one of these books in his future researches. He conducted extensive inquiries, and there is a rumor that he had the intention to write a book about hamburgers. He looked up for more than 3,000 meat recipes in the books published in the first 90 years of the twentieth century. He found out that the term "hamburger" was used in recipes titles eleven times in the 1108 books he did research on, in the first decade of the twentieth century. In addition to this, he realized that in the 30's, the cooks were so familiar with the hamburgers that they added pickled cucumbers, amongst other ingredients. In other words, the new fashion of hamburgers is not so new.

"When the immigrants came from Germany, Scandinavia and other parts of Europe, Szathmáry wrote, the main boarding port to the New World was

primeira mordida, Szathmáry jamais esqueceu. Não se sabe se suas saborosas lembranças foram do gosto do hambúrguer ou do gosto da liberdade, mas o fato é que tempos mais tarde ele declarou: "Aquele hambúrguer era puro paraíso; vou lembrar daquele sabor para sempre".

A fim de garantir renda para comprar mais hambúrgueres no futuro, Szathmáry seguiu o caminho de muitos imigrantes: arrumou um emprego num restaurante. Naquela época, ele achava que seria um emprego temporário. Mas seu treinamento e sua disciplina dos tempos de guerra no exército húngaro provou ser uma habilidade mais rentável (na década de 1950) que a Psicologia. Durante quatro anos ele foi o chefe executivo do Mutual Broadcasting System, a maior rede de rádio dos Estados Unidos. Nas décadas que se sucederam, ele trabalhou como consultor culinário, desenvolvendo diversos negócios no ramo alimentício. No início da década de 1960, ele já dirigia seu próprio restaurante em Chicago, o The Bakery.

Quando Szathmáry não estava cozinhando, colecionava livros de culinária. Por suas mãos passaram uma lista

de compras escrita manualmente por John Hancock, um cardápio do banquete da posse de Abraham Lincoln, em 1865, e muitas outras raridades. Szathmáry soube aproveitar cada um desses livros em suas pesquisas futuras. Ele fez muitas investigações, e conta-se até que tinha intenção de fazer um livro sobre hambúrguer. Szathmáry consultou mais de 3 mil receitas de carne bovina, em livros publicados nos primeiros noventa anos do século 20. Ele descobriu que, dos 1.108 livros de culinária da primeira década do século 20 pesquisados, o termo "hambúrguer" foi usado onze vezes em títulos de receita. E mais: ele percebeu que, já na década de 1930, os cozinheiros estavam tão familiarizados com o hambúrguer que adicionavam até pepinos em conserva, entre outros ingredientes, às suas misturas. Em outras palavras, a nova moda do hambúrguer não é tão nova assim.

"Quando os imigrantes vieram da Alemanha, da Escandinávia e de outras partes da Europa," escreveu Szathmáry, "o principal porto de embarque para o Novo Mundo era Hamburgo." Essa era a última cidade por onde o imigrante europeu passava, de onde quer que viesse. Ele poderia ser um tcheco, um bávaro de Munique, um prussiano de Berlim, um polonês de Varsóvia, o último pedaço de chão europeu que ele sentiria debaixo dos pés seria o solo de Hamburgo. Esse era o lugar de despedida do Velho Mundo, da família, da mãe, da irma, da esposa, da filha, da namorada — em outras palavras, de toda e qualquer companhia familiar.

Gyula Décsy, outro estudioso húngaro, assume a mesma linha de pensamento em suas notas de abertura. Ele também acredita que o movimento de imigração é a chave. Décsy imagina os muitos grupos étnicos que reservaram passagem para a América pelo porto de Hamburgo. Ele lista os nomes que cada um dá a seu prato favorito de carne bovina: o *frikadelle* germânico, o *faschiert* austríaco, o *fasirka* eslovaco, o *farsz* polonês, o *fasirozott* húngaro. Nesse ponto, o steak feito à moda de Hamburgo já não tem nacionalidade, nem apropriação ou identidade como um produto original da cidade alemã. Ele faz parte de uma língua comum: a culinária internacional.

Hamburg". This was the last city through which the European immigrant passed, no matter where he came from. He could be a Czech, a Bavarian from Munich, a Prussian from Berlin, or a Polish from Warsaw, the last European soil he would feel under his feet was Hamburg. This was the farewell place from the Old World, from family, from the mother, the sister, the wife, the daughter, the girlfriend- in other words, the entire familiar faces.

Gyula Décsy, another Hungarian scholar, assumes the same position – he also believes that the immigration movement is the key. He imagines that many ethnic groups that booked their tickets to America came through the port of Hamburg. He makes a list with the names of the favorite dish of each passenger: the beef meat is always present. The German *frikadelle*, the Austrian *faschiert*, the Slovak *fasirka*, the Polish *farsz*, the Hungarian *fasirozott*. At this point, the steak made the Hamburg way had neither nationality nor identity as an original product coming from a German town. It was part of a common "language": international culinary.

If you "Google" the history of the hamburger, soon you will have the Commander-in-chief Genghis Khan and his cruel cavalry. According to the prevailing information, the Mongol leader did much more than just conquering large extensions of land. It's good to remember who his son was, Ögedel Khan, who conquered Hungary between 1241 and 1242. Maybe Hungary has something to do with the invention of the hamburger. No, I don't think so, but it was almost there that everything began.

Actually, people say it was the emperor of the emperors the one who invented the hamburger. They say the Mongols were barbarians who rarely got off their horses. As the army had to eat during their journey between looting and pillage, they used to store raw lamb meat between the saddle and the horse. After one morning crossing the dry steppes, the meat was soft. All a starving warrior had to do is

Se você pesquisar a história do hambúrguer no Google, logo lerá sobre o comandante Gêngis Khan e sua cruel cavalaria. De acordo com a informação que predomina, o líder mongol fez mais do que conquistar vastas faixas do globo. É importante lembrar que foi Ögedei Khan, filho e sucessor de Gêngis Khan, que conquistou a Hungria, entre 1241 e 1242. Será que a Hungria tem a ver com o início do hambúrguer? Não é bem isso, mas por pouco...

De fato, parece que o imperador dos imperadores foi quem inventou o hambúrguer. Segundo contam, os mongóis eram povos bárbaros que raramente desmontavam de seus cavalos. Como o exército precisava se alimentar durante a cavalgada, entre saques e pilhagens eles estocavam carne de carneiro crua entre o lombo do cavalo e a sela. Após uma manhã atravessando as estepes áridas, a carne ficava macia. Tudo o que um guerreiro faminto precisava fazer era arrancar um naco de carne de baixo da sela e mastigá-lo.

Voltando à internet, em uma sondagem mais profunda, podemos ler sobre o neto de Gengis, Kublai Khan, que invadiu Moscou em 1279, trazendo consigo o gosto pela carne moída. Evidentemente, os russos também reconheceram a superioridade da técnica "gastronômica" mongol e logo a adaptaram para seus próprios interesses. Misturaram carne de carneiro crua picadinha na ponta da faca (e, mais tarde, carne bovina) com cebola e ovo, e batizaram o prato de *steak tartare* — sendo que "tártaros" ou "tátaros" eram na verdade os mongóis.

Em certa época, provavelmente no século 16, os navios de Hamburgo (que possuía o porto mais importante da Alemanha) passaram a atravessar o mar Báltico com regularidade, atracando nos portos russos, onde a carne moída era popular. Logo os marujos alemães voltaram para casa como apreciadores de carne moída crua, mas suas esposas recusavam-se a servir refeições tão bárbaras. Então elas passaram a fritar e ferver aqueles bolinhos.

É claro que alguns séculos se passaram até que o hambúrguer chegasse a ser o que é hoje, mas estes são

to snatch a chunk of meat from beneath the saddle and chew it.

Going back to the Internet, in a deeper reading, we get to know that Genghis' grandson, Kublai Khan, who invaded Moscow in 1279, brought with him the taste for minced beef. It is evident that the Russian acknowledged the superiority of the Mongol culinary technique and soon were adapted to the new habit. They started mixing the chopped lamb meat (beef meat later on) and added onion and egg, naming it Steak Tartare – the Tartars or Tatars were in fact, the Mongols.

At a certain time, probably in the sixteenth century, the ships from Hamburg (which held the most important port in Germany) started to cross the Baltic Sea, and often arrived at the Russian harbors, where minced beef was very popular. Soon, the German sailors came back home as minced beef lovers, yet their wives refused to serve such barbarians dishes. So they started to fry or boil those little balls.

Of course, many years had passed until the hamburger turned into what it is today, but these were the initial steps that originated the modern hamburger.

It is said that this story is just a tale. It's difficult to explain the history of such a commonplace dish like the hamburger through linear progression of historical events. People say that the Mongols didn't even invent the minced beef – this dish was already popular during the Roman Empire. People discovered a book dating from the 2nd century in which there is a whole chapter dedicated to different kinds of chopped meat. From the 2nd to the 20th century, much meat passed through the grinders, until in the 1950's, when the car became the object of desire of American middle class people, the 15-cent hamburger turned into the ideal food to eat inside those "Fish Tail" automobiles. Perhaps the true history of the hamburger is a more prosaic one. Certainly, Hamburg in Germany plays its part. Nevertheless, the true action is in America, where

os principais passos que fizeram da tradicional comida que alimentava a horda mongol o hambúrguer moderno.

Muitos dizem que essa é só uma lenda. É difícil explicar a história de pratos tão triviais como o hambúrguer por uma progressão linear de eventos históricos. Dizem até que os mongóis não inventaram a carne picada — tal prato já era popular no Império Romano. Descobriu-se que um livro romano do século 2 dedica um capítulo inteiro a pratos de carne picadinha. Do século 2 ao século 20, muita carne passou pelos moedores. Até que, na década de 1950, o automóvel virou objeto de desejo da classe média americana e o hambúrguer de 15 cents provou ser o alimento ideal para consumo dentro dos rabos de peixe. Talvez, a verdadeira história do hambúrguer seja mais prosaica. É claro que Hamburgo, na Alemanha, tem o seu papel. Mas a verdadeira ação se dá na América, onde bifes de Hamburgo tornaram-se bifes de hambúrguer, hambúrgueres e, finalmente — por efeitos cumulativos de cunhagem —, *burgers*.

Pulemos mais cinquenta anos e, em junho de 2001, Daniel Boulud, um reconhecido *restaurateur* de origem francesa, acrescentou um hambúrguer de US$ 29 ao seu cardápio. Tratava-se de uma base de miolo de alcatra recheada com costelas assadas na própria gordura, trufas pretas, *foie gras* e vegetais.

Em julho, apenas um mês depois, os críticos já estavam todos nervosos. A maioria dos jornalistas acreditava que a criação de Boulud seria a soma do excesso americano com a glutonice dos franceses. Alguns "patriotas" culinários viram no uso do *foie gras* e das trufas um possível galicismo exacerbado. Psicólogos amadores disseram que isso foi uma punhalada na revitalização do hambúrguer e, por extensão, na psique americana. Seja como for, os hambúrgueres de luxo estavam a caminho. Seguindo a trilha de Boulud, a Old Homestead, tida como a mais antiga churrascaria de Manhattan, introduziu um hambúrguer de US$ 41. Ela apostou suas fichas em carne do gado Wagyu, o orgulho da agricultura japonesa. E não parou por aí. No verão de 2002, nosso Claude Troigros, no Blue Door, em Miami, moeu carne junto com lascas de *foie*

steaks from Hamburg became hamburger steaks and, finally – just for cumulative coinage effects-the burgers.

Let's jump fifty years, June 2001, when Daniel Boulud, a renowned French *restaurateur* added a U$29.00 hamburger to his menu. It is an eye of the rump filled with roasted ribs on their fat, black truffles, *fois gras* and vegetables.

In July, only a month later, the critics were all nervous. Most of the journalists believed that Boulud's creation would be the sum of the American excess with the French greed. Some culinary "patriots" saw a possible extreme Gallicism in the use of the *fois gras* and the truffles. Amateur psychologists said this was a cheap shot in the revival of the hamburger, and, by extension, in the American psyche. Anyway, the deluxe hamburgers were on the way. Following Boulud's trail, in the Old Homestead (considered the oldest barbecue restaurant in Manhattan), he introduced a U$41.00 burger. The house placed a bet on the Wagyu meat, the Japanese agricultural pride. And it didn't stop there. In the summer 2002, the Brazilian chef Claude Troigros, in the Blue Door, in Miami, minced beef along with *fois gras* slivers, brushed with homemade ketchup and placed on a traditional brioche.

Daniel Boulud didn't stay behind: he added fresh truffles to his hamburger, naming it "burger royale" and put up the price to U$59.00. And he continued having the world at his feet.

In the spring 2004, Boulud scored one more goal. He sliced more truffles over the burger royale and put up the price to U$99.00. With the Gallic traditional generosity, a potato soufflé served in a silver goblet with a spoon of *aioli* sauce and in a wooden goblet were included in the price.

About the same time, the legendary *restaurateur* from New York, Danny Meyer, shot our hero, the hamburger, with a cannon bullet. His new restaurant, Shake Shack, called the King of the Fast food by The Zagat restaurant guide, located in a retro style

gras, pincelou com *ketchup* caseiro e assentou em cima de um tradicional brioche.

Daniel Boulud não deixou por menos. Acrescentou trufas frescas ao seu hambúrguer, batizou o resultado de "burger royale" e elevou seu preço a US$ 59. E continuam se ajoelhando a seus pés.

Na primavera de 2004, Boulud marcou mais um gol. Ele fatiou mais trufas sobre o "burger royale" e subiu o preço: US$ 99. Com a tradicional generosidade gaulesa, esse preço incluía um suflê de batatas, servido em taça de prata, com uma colherada de molho *aïoli*, e uma taça de Madeira.

Mais ou menos na mesma época, o lendário restaurateur de Nova York, Danny Meyer, deu seu tiro de canhão na história do nosso herói, o hambúrguer. O seu novo restaurante, Shake Shack, chamado pelo guia Zagat de "o rei do *fast-food*", localizado em um prédio retrô sem elevador, no Madison Square Park, absteve-se de qualquer acessório inútil e invocou a grandeza de hambúrgueres baseados em nada mais que alcatra e peito de boi.

Bom, é hora de recobrar nossa consciência, acordar para a realidade e, sem mais elucubrações, nos preparar para comer um bom hambúrguer. Agora, se der vontade de comer *foie gras*, faça-o como manda a alta gastronomia francesa: em espessos escalopes, ao ponto, servido com uma generosa taça do suntuoso Sauternes.

building without elevator in Madison square Park, refrained from using any useless accessory and invoked the use of the basic ingredients: eye of the rump and beef brisket.

Well, now it's time to regain consciousness, to stop daydreaming get ready to eat a good hamburger. Now, if you feel like eating fois gras, do it as the high gastronomy says: in thick escallops, medium-rare, served with a generous glass of the unctuous Sauternes.

Receitas

RECIPES

Rump cheeseburger with shiitake mushroom and goat cheese

Mushrooms of many kinds go very well with meat, especially the grilled one. They improve its taste.

HAMBURGERS

700 g ground rump

100 g ground beef fat

1 tablespoon olive oil

100 g goat cheese divided into 4 pieces

black pepper, freshly ground

salt

SHIITAKE MUSHROOM

2 tablespoons olive oil

2 sliced *shiitake* mushrooms

2 tablespoons balsamic vinegar

1 tablespoon fresh thyme leaves (or 1 teaspoon dehydrated thyme)

black pepper, freshly ground

salt

4 hamburger buns (or 8 slices of Italian bread) slightly toasted

To prepare the hamburgers, place an average-size frying pan on the low heat. Add 2 tablespoons of olive oil and wait for it to get hot. Add the mushrooms and let it simmer for four minutes. Pour in the balsamic vinegar and the thyme, and let it cook until the vinegar evaporates (about 30 seconds). Season to taste with salt and black pepper. Remove from the heat and set aside. ► To make the hamburgers, mix the meat and the fat and mold four hamburgers. Season both sides with salt. ► Take a large frying pan to the high heat, add a tablespoon of olive oil and wait for it to be very hot (about 2 minutes). Place the hamburgers on the pan, no lid on, for 4 minutes. Turn them over and add a slice of goat cheese on the top of each hamburger. Let it cook for another 4 minutes, medium heat. ► Grind black pepper over the hamburgers when ready and serve them with the mushrooms on the top, placed on the hamburger buns (or the Italian bread slices), slightly toasted).

Serves 4 hamburgers

Cheeseburger de alcatra com cogumelo shiitake e queijo de cabra

Cogumelos de muitos tipos combinam perfeitamente com carnes, sobretudo as grelhadas. Melhoram o sabor de ambos.

HAMBÚRGUERES

700 g de alcatra moída

100 g de gordura bovina moída

1 colher (sopa) de azeite de oliva

100 g de queijo de cabra divididos em 4 porções

pimenta-do-reino moída na hora

sal

COGUMELO SHIITAKE

2 colheres (sopa) de azeite de oliva

2 cogumelos *shiitake* grandes cortados em fatias

2 colheres (sopa) de vinagre balsâmico

1 colher (sopa) de folhas frescas de tomilho (ou 1 colher (chá) de tomilho desidratado)

pimenta-do-reino moída na hora

sal

4 pães de hambúrguer (ou 8 fatias de pão italiano) levemente tostados

Para preparar os cogumelos, coloque uma frigideira de tamanho médio em fogo brando. Adicione duas colheres (sopa) de azeite de oliva e espere esquentar. Acrescente os cogumelos e deixe refogar por cerca de 4 minutos, mexendo de vez em quando. Coloque o vinagre balsâmico e o tomilho, deixando cozinhar até que o vinagre evapore (mais ou menos 30 segundos). Tempere a gosto com sal e pimenta-do-reino. Tire do fogo e reserve. ► Para fazer os *burgers*, misture a carne e a gordura. Com essa mistura, molde quatro hambúrgueres. Salgue-os em ambos os lados. ► Leve uma frigideira, de preferência de ferro, ao fogo alto. Acrescente uma colher (sopa) de azeite de oliva e espere até que fique bem quente (cerca de 2 minutos). Coloque os hambúrgueres na frigideira, sem tampá-la, por 4 minutos. Vire-os e adicione uma porção de queijo de cabra por cima de cada um deles. Deixe em fogo médio por mais 4 minutos. ► Moa pimenta-do-reino sobre os burgers prontos e sirva-os cobertos com os cogumelos em pães de hambúrguer (ou entre duas fatias de pão italiano) levemente tostados.

Faz 4 hambúrgueres

Rump hamburger with red bell pepper and guacamole

Guacamole is good on hamburgers, as the avocado fat goes well with the meat taste.

HAMBURGERS

700 g ground rump

100 g beef fat, grounded

1 tablespoon sunflower oil

salt

GUACAMOLE

1 avocado

2 tablespoons red onion, chopped

1 tablespoon garlic, crushed

2 tablespoons parsley, chopped

2 tablespoons lemon juice

RED BELL PEPPER PURÉE

3 red bell peppers

1 tablespoon sunflower oil

1 red onion, chopped

2 teaspoons garlic, crushed

4 chives, chopped

1 teaspoon salt

8 bacon slices

4 hamburger buns, toasted

Get a frying pan and put it on the heat and get it hot. Fry the bacon slices until golden (about 3 minutes). Place the bacon on a plate and wrap it with towel paper to absorb the excess of fat. Put it aside. ▶ To prepare the guacamole, cut the avocado lengthwise, remove the stone and place the pulp in a bowl. Add the onion, the garlic, the parsley, the lemon juice and the salt. Smash it all with a fork or a potato masher. Cover it and take to the fridge until serving. ▶ For the purée, soak the red bell peppers in boiling water for them to soften (you can press them with a saucer). Next, seed and chop them. Get a small casserole pan and take it to the stove with a tablespoon of sunflower oil. When it is hot, add the bell peppers, the onion, the chives and the garlic and simmer it until the onion is soft. Check the salt. Take it to the food processor and add a little water. Smash it until it gets smooth like a purée. ▶ Shape four hamburgers with the meat and the fat, seasoning both sides with salt. Get a frying pan, the iron one if possible, and put it on high heat. Pour in a tablespoon of sunflower oil and let it heat up (about 2 minutes). Add the hamburgers, no lid, and fry them for 4 minutes. Turn them over, and let them fry for another 3 minutes. ▶ Place the burgers on half the buns and cover them with the guacamole, two slices of bacon and two tablespoons of the bell pepper purée. Place the other half of the bun on top and serve.

Serves 4 hamburgers

Hambúrguer de alcatra com pimentão vermelho e guacamole

O guacamole vai muito bem com o hambúrguer, pois a gordura do abacate combina com o sabor da carne.

HAMBÚRGUERES

700 g de alcatra moída

100 g de gordura bovina moída

1 colher (sopa) de óleo de girassol

sal

GUACAMOLE

1 abacate

2 colheres (sopa) de cebola roxa picada

1 colher (sopa) de alho amassado

2 colheres (sopa) de salsinha fresca picada

2 colheres (sopa) de suco de limão espremido na hora

1 pitada de sal

PURÊ DE PIMENTÃO

3 pimentões vermelhos

1 colher (sopa) de óleo de girassol

1 cebola roxa picada

3 colheres (chá) de alho amassado

4 cebolinhas verdes picadas

1 colher (chá) de sal

8 tiras de *bacon*

4 pães de hambúrguer tostados

Leve uma frigideira ao fogo médio, deixe esquentar e frite as tiras de *bacon* até que fiquem douradas (cerca de 3 minutos). Coloque o *bacon* em um prato forrado com papel-toalha, para absorver o excesso de gordura. Reserve. ▶ Para preparar o guacamole, corte o abacate no comprimento, remova o caroço e coloque a polpa em uma tigela. Acrescente a cebola, o alho, a salsinha, o suco de limão e o sal. Amasse tudo com um garfo ou passe pelo espremedor de batatas. Cubra e leve à geladeira até a hora de servir. ▶ Para o purê, mergulhe os pimentões em água fervente até que amoleçam (coloque um pires sobre eles para que afundem). Em seguida, tire as sementes e pique-os. Leve uma panela pequena ao fogo com uma colher (sopa) de óleo de girassol. Quando estiver quente, adicione os pimentões, a cebola, o alho e a cebolinha e refogue, mexendo sempre, até que a cebola fique macia. Acerte o sal. Bata no processador, adicionando um pouco de água, até adquirir consistência de purê. ▶ Com a carne e a gordura, molde quatro hambúrgueres e salgue-os dos dois lados. ▶ Leve uma frigideira, de preferência de ferro, ao fogo alto. Acrescente uma colher de óleo de girassol e espere até que fique bem quente (cerca de 2 minutos). Coloque os hambúrgueres na frigideira, sem tampá-la, por 4 minutos. Vire-os e deixe por mais 3 minutos. ▶ Coloque os hambúrgueres sobre metade do pão e cubra com guacamole, duas tiras de *bacon* e duas colheres (sopa) de purê de pimentão. Feche os hambúrgueres com a outra metade do pão e sirva.

Faz 4 hambúrgueres

California hamburger grilled with avocado and caramelized onions

This burger is considered a meal in itself. The "West Coast" atmosphere is due to the combination of caramelized onion with avocado and blue cheese paste.

HAMBURGERS

700 g ground tip steak
100 g ground beef fat
¼ cup white wine
⅓ cup onion, chopped
3 tablespoons oregano, thyme and basil, all mixed
1 tablespoon Tabasco
oil to grease
salt

CARAMELIZED ONION

1 big onion, sliced
1 tablespoon Tabasco
1 tablespoon meat gravy
1 tablespoon balsamic vinegar
1 tablespoon olive oil
1 tablespoon parsley, chopped
1 tablespoon brown sugar

BLUE CHEESE PASTE

200 g ricotta paste with garlic and fines herbs
120 g blue cheese (gorgonzola)

AVOCADO

8 slices avocado
balsamic vinegar
salt

4 Rosetta bread buns
4 romaine lettuce leaves
4 tomato slices
8 fried bacon slices

To make the caramelized onions, put all ingredients into a frying pan. Cook for about 15 minutes, stirring once in a while, until most of the liquid is evaporated and the onion is caramelized. ▶ Mix all the ingredients of the blue cheese paste in a bowl and put it aside. To make the hamburgers, add the meat, the fat, the wine, the onion, the oregano mixture, the thyme, the basil, the Tabasco and the salt. Shape it into four hamburgers. ▶ When the frying pan is hot, pour in some olive oil. Grill the hamburgers for about 5 minutes each side. In the last minutes, brush the avocado slices with the balsamic vinegar and season with salt. Lay the avocado slices on the grill to quickly heat them (1 or 2 minutes). ▶ Spread a thick layer of the blue cheese paste onto the Rosetta bread (half of it), and place a lettuce leaf, a tomato slice, the hamburger, the caramelized onions, 2 avocado slices and two fried bacon slices over it. Place the other half of the bread on the top.

Serves 4 hamburgers

Hambúrguer Califórnia grelhado com abacate e cebola caramelizada

Este *burger* entra também na categoria refeição. O ar "Costa Oeste" é por conta da combinação de cebola caramelizada com abacate e pasta de *blue cheese*.

HAMBÚRGUERES

700 g de maminha moída

100 g de gordura bovina moída

¼ de xícara de vinho branco seco

⅓ de xícara de cebola picada

3 colheres (sopa) de orégano, tomilho e manjericão misturados

1 colher (sopa) de Tabasco

óleo vegetal para untar

sal

CEBOLA CARAMELIZADA

1 cebola grande cortada em fatias finas

1 colher (sopa) de tabasco

1 colher (sopa) de caldo de carne

1 colher (sopa) de vinagre balsâmico

1 colher (sopa) de azeite de oliva

1 colher (sopa) de alho picado

1 colher (sopa) de açúcar mascavo

PASTA DE BLUE CHEESE

200 g de pasta de ricota com alho e ervas finas

120 g de *blue cheese* (gorgonzola)

ABACATE

8 fatias de abacate

vinagre balsâmico

sal

4 pães roseta

4 folhas de alface romana

4 fatias de tomate

8 fatias de *bacon* frito

Para fazer a cebola caramelizada, coloque todos os ingredientes numa frigideira. Cozinhe por cerca de 15 minutos, mexendo de vez em quando, até que a maior parte do líquido evapore e a cebola esteja caramelizada. Reserve. ▶ Misture todos os ingredientes da pasta de *blue cheese* em uma tigela e reserve. ▶ Para fazer os hambúrgueres, junte a carne, a gordura, o vinho, a cebola, a mistura de orégano, tomilho e manjericão, o Tabasco e o sal. Molde quatro hambúrgueres. ▶ Quando a frigideira estiver quente, unte-a com óleo vegetal. Grelhe os hambúrgueres por cerca de 5 minutos de cada lado. ▶ Nos últimos minutos, unte as fatias de abacate com o vinagre balsâmico e tempere com sal. Coloque as fatias de abacate sobre uma grelha para esquentar ligeiramente (de 1 a 2 minutos). ▶ Passe uma camada generosa de pasta de queijo sobre a metade da roseta, coloque uma folha de alface romana, uma fatia de tomate, o hambúrguer, cebolas caramelizadas, duas fatias de abacate e duas fatias de *bacon* frito. Cubra com a outra metade do pão.

Faz 4 hambúrgueres

Rump hamburger the Cuban way

Mustard and hamburgers have always got along very well. This hot mustard sauce with pickles makes this dish much more valuable.

HAMBURGERS

450 g ground eye of the rump

60 g ground beef fat

1 teaspoon garlic, chopped

1 teaspoon Tabasco

salt

black pepper, freshly ground

oil to grease

MUSTARD SAUCE WITH PICKLES

¼ cucumber pickles with dill

¼ cup yellow mustard

¼ cup spicy brown mustard

4 slices cooked ham

4 cheddar cheese slices

4 hamburger buns with sesame

Mix all the ingredients of the mustard sauce and set aside. ▶ To prepare the hamburgers, mix all the ingredients (except the oil) and shape the four hamburgers. ▶ Heat a frying pan and grease it with oil. Grill the hamburgers for about 5 minutes each side. ▶ Place a ham and a cheese slice on each burger. In the last minutes, place the buns on the pan in order to toast them quickly. ▶ Serve the hamburgers on the bun, with the mustard and the pickles on the top.

Serves 4 hamburgers

Hambúrguer de alcatra à moda cubana

Mostarda e hambúrgueres sempre foram bons companheiros. Este molho com a mostarda picante, mais os picles, valoriza muito este prato.

HAMBÚRGUERES

450 g de alcatra moída

60 g de gordura bovina moída

1 colher (chá) de alho picado

1 colher (chá) de tabasco

pimenta-do-reino moída na hora

sal

óleo vegetal para untar

MOLHO DE MOSTARDA COM PICLES

¼ de picles de pepino com dill

¼ de xícara de mostarda amarela

¼ de xícara de mostarda escura picante

4 fatias de presunto cozido

4 fatias de queijo cheddar

4 pães de hambúrguer com gergelim

Junte todos os ingredientes do molho de mostarda e reserve. ► Para preparar os hambúrgueres, misture todos os ingredientes (exceto o óleo) e molde quatro hambúrgueres. ► Aqueça uma frigideira e unte-a com óleo vegetal. Grelhe os hambúrgueres por cerca de 5 minutos de cada lado. ► Coloque uma fatia de presunto e uma de queijo sobre cada hambúrguer. Nos últimos minutos, coloque os pães sobre a chapa para tostar ligeiramente. ► Sirva os hambúrgueres no pão, cobertos com o molho de mostarda com picles.

Faz 4 hambúrgueres

Sirloin tip hamburger with blue cheese and fried onions

Even the ones who do not care about blue cheese will find this combination amazing. The fried onions give a sweet touch, which complements the taste of the cheese perfectly.

HAMBURGERS

700 g ground sirloin tip

100 g ground beef fat

100 g blue cheese (gorgonzola) smashed with a fork

1 tablespoon sunflower oil

black pepper, freshly ground

salt

FRIED ONIONS

2 tablespoons sunflower oil

2 medium-size onions, sliced

black pepper, freshly ground

salt

4 hamburger buns

ketchup with Tabasco

To prepare the onions, place a medium-size frying pan on the heat. Add 2 tablespoons of oil and wait to get hot. Add the slices of onion and let them fry for about 10 minutes, always stirring. Season with salt and pepper, take it out and set aside. ► To make the burgers, mix the meat, the fat and the smashed cheese. With this mixture, shape the four burgers. Season them with salt on both sides. Take a cast iron frying pan to high heat, add a tablespoon of oil and wait for it to get hot (about 2 minutes). Place the hamburgers on the pan, no lid, and let them fry for about 4 minutes. Turn them over and leave for another 4 minutes. ► Grind black pepper over them when it is ready, on both sides. Serve them on hamburger buns, fried onion on top and the hot ketchup.

Serves 4 hamburgers

Hambúrguer de maminha e blue cheese com cebola frita

Mesmo quem não liga para *blue cheese* acha essa combinação irresistível. As cebolas fritas dão um toque adocicado, o que complementa o sabor do queijo.

HAMBÚRGUERES

700 g de maminha moída

100 g gordura bovina moída

100 g de *blue cheese* (gorgonzola) amassado com garfo

1 colher (sopa) de óleo de girassol

pimenta-do-reino moída na hora

sal

CEBOLAS FRITAS

2 colheres (sopa) de óleo de girassol

2 cebolas médias, cortadas em rodelas

pimenta-do-reino moída na hora

sal

4 pães de hambúrguer

ketchup bem condimentado com Tabasco

Para preparar as cebolas, coloque uma frigideira de tamanho médio em fogo brando. Adicione duas colheres (sopa) de óleo e espere esquentar. Acrescente as rodelas de cebola e deixe fritar por cerca de 10 minutos, mexendo sempre. Tempere a gosto com sal e pimenta-do-reino, tire do fogo e reserve. ► Para fazer os *burgers*, misture a carne, a gordura e o queijo amassado. Com essa mistura, molde quatro hambúrgueres. Salgue-os em ambos os lados. Leve uma frigideira, de preferência de ferro, ao fogo alto, acrescente uma colher de óleo e espere até que fique bem quente (cerca de 2 minutos). Coloque os hambúrgueres na frigideira, sem tampá-la, por 4 minutos. Vire-os e deixe por mais 4 minutos. ► Moa pimenta-do-reino sobre os burgers prontos, de ambos os lados. Sirva-os em pão de hambúrguer, cobertos com as cebolas fritas e o *ketchup* condimentado.

Faz 4 hambúrgueres

Porteño hamburger with chimichurri sauce

Tribute to our Argentine neighbors, who are carnivores (like us) and who cannot run out of chimichurri, even at breakfast.

HAMBURGERS

700 g ground sirloin tip

100 g ground beef fat

½ cup onion, chopped

12,5 g parsley, chopped

¼ cup mint leaves, chopped

3 tablespoons garlic, crushed

1 teaspoon chili, chopped

5 g kummel

5 g dried oregano

1 tablespoon oil

CHIMICHURRI SAUCE

20 g dried green bell pepper

20 g dried parsley

20 g dried onion and garlic

10 g peperoncino pepper and other kinds of pepper you like

600 ml olive oil

300 ml white wine vinegar

10 g dried chives

10 g bay leaves

10 g dried oregano

4 pita bread slices

red onion slices

Put all the sauce ingredients in a bowl and mix them. Cover the mixture with plastic wrap and take it to the fridge to rest. For better results, let it rest for three days. ▶ To prepare the hamburgers, put both the meat and the fat in a bowl. Add all the ingredients, except the salt and oil, and mix well. Shape it into four hamburgers and season them with salt. ▶ Take them to the frying pan, preferably the cast iron one, to high heat. Add the oil and wait for it to get very hot (about 2 minutes). Place the hamburgers on the pan, no lid on, and fry for 5 minutes. Turn them over and fry another 4 minutes. Serve with the Syrian bread, slices of onions and *chimichurri*.

Serves 4 hamburgers

+ *Chimichurri* is an Argentinean sauce. You can find it ready made in supermarkets and special delicatessen. It goes very well with red meat. This burger is a complete meal. It has protein and carbohydrate at the right amount. It's a delicious sandwich on the bread and a delicious meal on the plate.

Hambúrguer portenho com molho Chimichurri

Nossa homenagem aos vizinhos carnívoros como nós. Eles não ficam sem o *chimichurri*, nem no café da manhã.

HAMBÚRGUERES

700 g de maminha moída

100 g de gordura bovina moída

½ xícara (chá) de cebola picada

¼ de xícara (café) de salsinha picada

¼ de xícara de folha de hortelã picada

3 colheres (sopa) de alho espremido

1 colher (chá) de pimenta vermelha picadinha em pedaços

1 colher (café) de *kümmel*

1 colher (café) de orégano desidratado

sal

1 colher (sopa) de óleo vegetal

MOLHO CHIMICHURRI

20 g de pimentão desidratado

20 g de salsinha desidratada

20 g de alho e cebola desidratados

10 g de pimenta calabresa desidratada e outras pimentas a gosto

600 ml de azeite de oliva

300 ml de vinagre de vinho branco

10 g de cebolinha desidratada

10 g de louro

10 g de orégano desidratado

4 pães sírios (pita)

fatias de cebola roxa

Em uma tigela, coloque todos os ingredientes do molho e misture. Cubra com filme plástico e leve à geladeira para descansar. O resultado será melhor após 3 dias de descanso. ▶ Para preparar os hambúrgueres, coloque a carne e a gordura numa tigela. Acrescente todos os ingredientes (exceto o sal e o óleo) e misture bem. Molde quatro hambúrgueres e salgue-os. ▶ Leve uma frigideira, de preferência de ferro, ao fogo alto. Acrescente o óleo e espere até que fique bem quente (cerca de 2 minutos). Coloque os hambúrgueres na frigideira, sem tampá-la, por 5 minutos. Vire-os e deixe por mais 4 minutos. ▶ Sirva em pães sírios com rodelas de cebola e o molho *chimichurri*.

Faz 4 hambúrgueres

+ O *chimichurri* é um molho de origem argentina. A mistura pronta de temperos para o seu preparo pode ser encontrada em supermercados e casas especializadas. Esse molho combina muito bem com carnes vermelhas.

Flank steak hamburger with portobello, Sun-dried tomato mayonnaise and spicy mix

This burger is a complete meal. It has protein and carbohydrates in the right measure. It is a great sandwich and a delicious dinner.

HAMBURGERS

500 g ground flank steak

80 g ground beef fat

3 tablespoons dry white wine

2 chives, chopped

black pepper, freshly ground

salt

oil to grease

SUN-DRIED TOMATO MAYONNAISE

⅓ cup mayonnaise

¼ cup sun-dried tomatoes, chopped

SPICY MIX

2 tablespoons fresh thyme, chopped

1 tablespoon fresh oregano, chopped

black pepper, freshly ground

salt

GRILLED PORTOBELLO

4 *portobello* mushrooms, no stalks

¼ cup dry white wine

2 tablespoons olive oil

1 teaspoon lemon juice

4 *focaccia* round buns (or onion round bread, or 7-cereal bread)

rocket leaves

Mix the ingredients of the mayonnaise in a bowl and take it to the fridge until serving. Mix the Spicy Mix ingredients in a bowl and put them aside. ▶ Mix the Portobello ingredients in a bowl and put them aside. To make the hamburgers, mix the meat, the fat, the wine, the chives, the pepper, the salt and the spicy mix. Shape it into 4 hamburgers. ▶ Drain the mushrooms and put the marinade aside. ▶ Take a frying pan to heat. When it is hot, grease it with oil. Grill the hamburgers and the mushrooms for about 5 minutes each side. ▶ In the last minutes, place the bread on the grill to quickly toast. ▶ Spread the mayonnaise on each bun; put the rocket leaves, a hamburger, a mushroom and then, the other bun half.

Serves 4 hamburgers

Hambúrguer de fraldinha com portobello, maionese de tomate seco e mistura picante

Este burger é um refeição completa. Tem proteína e carboidrato na medida certa. No pão, é um sanduíche ótimo e, no prato, um jantar delicioso.

HAMBÚRGUERES

500 g de fraldinha moída
80 g de gordura bovina moída
3 colheres (sopa) de vinho branco seco
2 cebolinhas picadas
pimenta-do-reino moída na hora
sal
óleo vegetal para untar

MAIONESE DE TOMATE SECO

⅓ de xícara de maionese
¼ de xícara de tomates secos picados

MISTURA PICANTE

2 colheres (sopa) de tomilho fresco picado
1 colher (sopa) de orégano fresco picado
pimenta-do-reino moída na hora
sal

PORTOBELLO GRELHADOS

4 cogumelos *portobello* sem cabos
¼ de xícara de vinho branco seco
2 colheres (sopa) de azeite de oliva
1 colher (chá) de suco do limão

4 pães de *focaccia* redondos (ou pães de cebola redondos ou pães sete cereais)
folhas de rúcula

Misture os ingredientes da maionese em um recipiente e refrigere até servir. Misture os ingredientes da mistura picante em uma tigela e reserve. ► Misture os ingredientes dos portobello grelhados em uma tigela e reserve. Para fazer os hambúrgueres, misture a carne, a gordura, o vinho, a cebolinha, a pimenta, o sal e a mistura picante. Molde quatro hambúrgueres. ► Drene os cogumelos e reserve a marinada. ► Coloque uma frigideira no fogo. Quando estiver quente, unte com óleo vegetal. Grelhe os hambúrgueres e os cogumelos por cerca de 5 minutos de cada lado. ► Nos últimos minutos, coloque os pães sobre a grelha para tostar ligeiramente. ► Unte cada pão com a maionese, cubra com folhas de rúcula, um hambúrguer e um cogumelo e, depois, a outra fatia de pão.

Faz 4 hambúrgueres

Flank steak hamburger with white wine and basil

This burger is a *gourmet* meal, for it has a delicate and an even combination of ingredients.

HAMBURGERS

600 g ground flank steak

100 g ground beef fat

¼ cup dry white wine

¼ cup basil leaves, chopped

¼ red onion, chopped

¼ cup breadcrumbs

4 sun-dried tomatoes, chopped

salt

oil to grease

PESTO MAYONNAISE

⅔ cup mayonnaise

2 tablespoons pesto (go to page 74 to see how to prepare it)

4 cheddar cheese slices

4 lettuce leaves

4 tomato slices

4 thin slices of red onion

4 basil leaves to garnish

4 Italian hamburger buns

Mix all the ingredients of the pesto mayonnaise and set aside. ▶ To prepare the hamburger, mix the meat, the fat, the white wine, the basil, the onion, the breadcrumbs, the sun-dried tomatoes and the salt, then shape it into 4 hamburgers. ▶ Pre-heat a frying pan or a grill. When it is very hot, grease it with oil. Grill the hamburgers for about 5 minutes each side. ▶ In the last minutes, place a slice of cheese on the top of each hamburger. Spread the pesto mayonnaise on the lower part of the bread. Place a lettuce leaf, the hamburger, a slice of tomato and a slice of onion. Garnish with a basil leaf and top it with the other half of the bread.

Serves 4 hamburgers

Hambúrguer de fraldinha com vinho branco e manjericão

Este *burger* é do tipo *gourmet*, pois leva ingredientes delicados combinados com muito equilíbrio.

HAMBÚRGUERES

600 g de fraldinha moída

100 g de gordura bovina moída

¼ de xícara de vinho branco seco

¼ de xícara de manjericão fresco picado

¼ de cebola roxa picada

¼ de xícara de farinha de rosca

4 tomates secos picados

óleo vegetal para untar

sal

MAIONESE AO PESTO

⅔ de xícara de maionese

2 colheres (sopa) de pesto de manjericão (para a receita do pesto, ver p. 75)

4 fatias de queijo *cheddar*

4 folhas de alface

4 fatias de tomate

4 fatias finas de cebola roxa

4 folhas de manjericão para decorar

4 minipães caseiros tipo italiano (do tamanho do pão de hambúrguer)

Misture os ingredientes da maionese de pesto e reserve. Para preparar o hambúrguer, misture a carne, a gordura, o vinho branco, o manjericão, a cebola, a farinha de rosca, os tomates secos e o sal e molde quatro hambúrgueres. Preaqueça uma grelha ou frigideira. Quando estiver quente, unte-a com óleo vegetal. Grelhe os hambúrgueres por cerca de 5 minutos de cada lado. Nos últimos minutos, coloque uma fatia de queijo sobre cada hambúrguer. Passe a maionese de pesto na parte inferior do pão. Coloque uma folha de alface, o hambúrguer, uma fatia de tomate e uma fatia de cebola. Decore com uma folha de manjericão e cubra com a metade superior do pão.

Faz 4 hambúrgueres

Negimaki burger

This dish is closely based on the classic Japanese dish: thin slices of meat wrapped in spring onion garnished with ginger sauce.

HAMBURGERS

700 g ground flank steak

100 g ground beef fat

½ cup chives, chopped

3 tablespoons fresh ginger, chopped

1 tablespoon garlic, crushed

2 tablespoons teriyaki sauce

1 tablespoon olive oil

salt

GINGER SAUCE

¼ cup teriyaki sauce

¼ cup chicken gravy

3 tablespoons fresh ginger, chopped

3 tablespoons garlic, crushed

3 tablespoons orange juice (freshly squeezed)

1 tablespoon sesame oil

1 tablespoon curry powder

4 hamburger buns

Mix all the ingredients of the ginger sauce in a bowl and set aside. ▶ To prepare the hamburgers, mix all the ingredients (except the salt and the oil) until you get homogeneous dough. Shape it into four hamburgers and season them with salt. ▶ Take a cast iron frying pan to the high heat. Drizzle it with the oil and wait for it to get very hot. Place the hamburgers on the pan, no lid on, and let them fry for about 5 minutes. Turn them over and let them fry for another 4 minutes. ▶ Take the hamburgers to a plate. Remove the oil from the pan, cleaning it with some towel paper. Pour in the ginger sauce, stirring all the time. Cook it until it is reduced to its half. ▶ Place the burgers on the bread halves, pour the sauce over them and place the other bread halves on top of them.

Serves 4 hamburgers

Neguimaki burger

Baseei este hambúrguer no prato clássico japonês: fatias finas de carne, enroladas em cebolinha e guarnecidas com molho de gengibre.

HAMBÚRGUERES

700 g de fraldinha moída
100 g de gordura bovina moída
½ xícara (chá) de cebolinha verde picada
3 colheres (sopa) de gengibre fresco picado
1 colher (sopa) de alho amassado
2 colheres (sopa) de molho teriyaki
1 colher (sopa) de azeite de oliva
sal

MOLHO DE GENGIBRE

¼ de xícara de molho teriyaki
¼ de xícara de caldo de galinha
3 colheres (sopa) de gengibre fresco picado
3 colheres (chá) de alho amassado
3 colheres (sopa) de suco de laranja espremido na hora
1 colher (sopa) de óleo de gergelim
1 colher (sopa) de curry em pó

4 pães de hambúrguer

Misture numa tigela todos os ingredientes do molho de gengibre e reserve. ► Para preparar os hambúrgueres, misture todos os ingredientes (exceto o sal e o azeite) até formar uma massa homogênea. Molde quatro hambúrgueres e salgue-os. ► Leve uma frigideira, de preferência de ferro, ao fogo alto. Acrescente o azeite e espere até que fique bem quente (cerca de 2 minutos). Coloque os hambúrgueres na frigideira, sem tampá-la, por 5 minutos. Vire-os e deixe por mais 4 minutos. ► Transfira os hambúrgueres para um prato. Retire toda a gordura da frigideira, limpando o fundo com um papel toalha. Despeje nela o molho de gengibre. Mexendo sempre, cozinhe o molho até que reduza pela metade. ► Coloque os burgers sobre as metades de pão. Despeje molho sobre eles e cubra-os com as outras metades.

Faz 4 hambúrgueres

Valor Econômico | 21 de setembro, 2000 | István Wessel

P. J. Clarke's, servindo bêbados charmosos desde 1887

A Semab (Secretaria Municipal de Abastecimento) nem pensaria duas vezes. Fecharia sumariamente. Como, porém, os americanos pouco ligam para higiene, o P. J. Clarke's continua aberto. E muito bem aberto. Felizmente para os frequentadores que o visitam com a assiduidade dos templos protestantes. Não é um templo da gastronomia e muito menos da economia, mas é um dos lugares mais charmosos de Manhattan, onde comer e beber fora fazem parte do cotidiano. A casa foi inaugurada em 1887, quando a cidade nem sonhava em ser a Big Apple de hoje. Assim, é preservada como patrimônio histórico, mantendo um pouco do charme e da simplicidade do fim do século 19. Atualmente é cercada por arranha-céus de granito rosa e cristal, valorizando ainda mais seu ar de velho, mais até que de antigo. A Terceira Avenida, onde se localiza (na esquina da Rua 55), tem grande tráfego de carros e de pessoas. O movimento não é de turistas, mas dos escritórios, dos bancos e do correio que ali funcionam. As lojas da redondeza são para o dia a dia e, por isso mesmo, poucos turistas passam por lá.

    O P. J. Clarke's começou como uma cervejaria simples, e muitas das instalações ainda são originais. No primeiro ambiente, há um grande balcão de madeira para os que vão apenas tomar um chope e beliscar alguma coisa. À esquerda do balcão, na parede, uma curiosidade na qual vale reparar. Uma foto de três cavalheiros brindando, com suas canecas transbordando de chope, elegantemente trajados de terno e chapéu-coco. Na foto, ainda, um relógio de pêndulo na parede e, ao lado dos homens, uma mesa com toalha xadrez. Aí começa a graça. Essa foto foi feita no início do século 20 e, ao entrar hoje, você se depara com a mesma cena. O relógio está lá e a mesa com a toalha xadrez também. Convidar o leitor a ir ao mictório (perdão, toalete) nem seria educado, mas, desta vez, vamos fazer isso. É um monumento, do

Valor Econômico | Sep 21, 2000 | István Wessel

P. J. Clarke's, charming drunk serving since 1887

Semab (Secretaria Municipal de Abastecimento) would not hesitate to close it. As Americans do not care much about hygiene, P.J.Clarke's is still open: wide open. Fortunately for its customers, who visit it as if they were going to church. It is not a gastronomy temple, even less an economy one, but it is one of the most charming places in Manhattan, where drinking and eating plays a big part in the city's everyday life. The place was open in 1887, when the city did not dream about being the Big Apple of today. Thus, the place is preserved like cultural heritage as it still maintains a little of the charm and simplicity of the late nineteenth century. Nowadays, skyscrapers made of pink granite and crystal, which gives it this older, rather than antique, atmosphere, surround it. It is located at The Third avenue (on the corner of the 55th Street) where has heavy traffic of cars and people. They are not tourists, but offices', banks' and post office's employees. The stores nearby serve this public and very few tourists pass by.

    P.J. Clarke's started as a simple pub, and many of its facilities are original. In the first room, there is a wooden counter for the ones who just want a glass of beer and snack something. There is something which is worth paying attention to on the left-hand side of the counter: a photograph of three cowboys wearing elegant suits and bowler hats, a pendulum clock on the wall and a table with a checkered table cloth. That picture is interesting because if you go there today you will see the same scenery. The clock is on the same place as well as the table with the same checkered towel. Inviting the reader to visit the restroom would not be polite, but we will do that. It is a monument, which dates from the time when cowboys arrived on horses at the saloon -, what The Clarke's must have been at that time. This visit would

tempo em que os frequentadores chegavam a cavalo ao "saloon" que deveria ser o Clarke's na época. Essa visita já ensejaria o fechamento da casa, se nossa Semab por lá desembarcasse: banheiro dando direto para o salão. E, quando dizemos direto, é direto mesmo. Ao lado do banheiro (e prometo não falar mais disso), à esquerda da porta, está um moderno juke-box, repleto de CDs de jazz e de musicais da Broadway. Depois do bar, tem mais dois salões: um pequeno para fumantes (charutos são bem-vindos) e outro, maior, com a cozinha dentro. Mais uma vez parece tudo errado. A cozinha é aberta para o salão recoberto de tijolos que ficaram negros com o tempo. Lá, se for na hora do almoço, você sempre encontrará um dos cozinheiros comendo, descaradamente... afinal, prova de qualidade melhor que essa não há!

Tudo no Clarke's é prático. O cardápio está na parede, é só escolher. Nas mesas, blocos amarelos, de comanda. Você anota o pedido e entrega ao garçom. O cardápio é enorme, mas o que se recomenda são os pratos mais simples, como um bom bife ou peixe grelhado com inesquecíveis batatas fritas ou salada. Para mim, o **"must"** é o hambúrguer, servido perfeitamente ao ponto. A carne é moída e preparada na hora, apenas com sal e pimenta. Acompanhada por uma boa cerveja, é a refeição rápida dos deuses (se é que os deuses frequentavam fast-food). O hambúrguer (mesmo em forma de sanduíche) vem aberto e, sob a fatia de pão (de cima, claro), uma fina rodela de cebola crua. Essa lâmina de cebola é para cobrir o hambúrguer, depois é só fechar com o pão quentinho. Não é nada barato: essa maravilha sai por US$ 7,50, mas vale a pena. Agora, se você quiser economizar (pois não é época de desperdício), passe por lá no fim da tarde e tome uma meia garrafa de Moët & Chandon (francesa): sai por apenas (mesmo) US$ 29. Por outro lado, se você teve um ótimo ano, investiu em petróleo e não está ligando pra dinheiro, peça uma porção de fritas para acompanhar o hambúrguer. Vais pagar US$ 3,70. Nada melhor para mostrar que você é uma pessoa bem-sucedida, não é?

give rise to closing the place by out Department of Food Supply if it were to visit it: the restrooms are straight into the lounge bar. When we say straight, we actually mean it. Next to the restrooms (I promise not to talk about it anymore), to the left of the door, there is a modern jukebox, full of Broadway musicals and jazz cds. After the bar, there are two rooms: a small one for smokers (cigars are welcome) and a bigger one, which has the kitchen inside. Once again, everything looks wrong. The kitchen is open to the room made of red brick walls, which are now black because of time. If you go there at lunchtime, you will see one of the cooks eating, shamelessly – after all, this is the best evidence of its quality, isn't it? Everything at The Clarke's is practical. The menu is on the wall, you just have to choose what you want. There are small yellow notepads on the tables for you to order. You write down your order and give it to the waiter. The menu is huge, but it recommends the simplest dishes, like a good steak or grilled fish with unforgettable French fries or salad. For me, the must-have is the hamburger, served perfectly medium. The meat is ground and freshly prepared only with salt and pepper. Served with a good beer, it is the snack of the gods (if the gods ever went to fast-food restaurants). The hamburger (even the sandwich) comes open and, and on the slice of bread there is a thin slice of raw onion. This slice covers the burger and on top of it, comes a hot slice of bread. Nothing is cheap there: this wonderful burger costs U$7.50, but it is worth it. Now, if you want to save money, (we are living a time of no waste), go there in the late afternoon and have half a bottle of Moet&Chandon (French): it costs just (believe me!) U$29.00, On the other hand, if you had a nice year, invested in petrol, and are not caring about money, order French fries to accompany the burger. You will pay U$3.70. Nothing can be better to show you are a very successful person, can it?

Meat ball hamburger with glacé mushrooms

The best between two worlds: this hamburger tastes like meatball, but it is prepared like a hamburger. This means much less preparation time and the benefit of having a grilled flavor from the frying pan or the grill.

HAMBURGERS

¼ cup cream

1 slice of white or whole wheat bread, no crust, cut into small cubes

450 g ground round roast

50 g ground beef fat

1 small onion, chopped

¼ cup freshly chopped parsley

1 egg

2 tablespoons ketchup

1 tablespoon fresh thyme leaves (or 1 teaspoon dehydrated thyme)

1 tablespoon Worcestershire sauce

black pepper, freshly ground

salt

1 tablespoon corn oil

"GLACÉ" MUSHROOMS

2 tablespoons corn oil

1 onion, thinly sliced

350 g champignon mushroom, sliced

2 teaspoons garlic, crushed

1 tablespoon butter

2 tablespoons white wine

2 tablespoons chicken gravy

1 tablespoon Worcestershire sauce

black pepper, freshly ground

4 slices of whole wheat bread (7cereals)

To prepare the mushrooms, take a frying pan to the low heat, drizzle some oil and wait for it to get hot, and then place the onion. Let it get golden, always stirring until it gets soft (around 4 minutes). Add the mushrooms and braise for another 4 minutes. Add the garlic and fry it for 1 minute. Add the butter and wait until it melts. Pour in the wine, the chicken gravy, the Worchester sauce and the pepper. Stir until the mushrooms get golden. Remove from the heat and set aside. ► To make the burgers, put the cream in a small bowl. Add the bread cubes and wait for them to get soaked. ► Put the meat and the fat in a small bowl, add the bread cubes, but do not put the salt and oil yet. Mix everything until you get homogeneous dough. Shape it into 4 hamburgers and season with salt, both sides. ► Take a cast iron frying pan to the high heat. Drizzle the pan with oil and wait for it to get very hot (around 2 minutes). Place the burgers on the pan, with no lid on, for 5 minutes. Turn them over and let them for about 4 minutes. ► Serve the hamburgers on a plate, with the glace mushrooms on the top with slices of bread.

Serves 4 hamburgers

Hambúrguer de almôndegas com cogumelos glaceados

O melhor dos dois mundos: este hambúrguer tem gosto de almôndegas, mas é preparado como hambúrguer. Isso significa um tempo de preparo consideravelmente menor, mais o benefício do sabor de grelhado obtido pela frigideira ou grelha.

HAMBÚRGUERES

¼ de xícara de creme leite

1 fatia de pão branco ou integral sem casca, cortada em cubos

450 g de coxão mole moído

50 g de gordura bovina moída

1 cebola pequena picada

¼ de xícara de queijo parmesão ralado

¼ de xícara de salsinha fresca picada

1 ovo cru

2 colheres (sopa) de *ketchup*

1 colher (sopa) de folhas frescas de tomilho (ou 1 colher (chá) de tomilho desidratado)

1 colher (sopa) de molho inglês

pimenta-do-reino moída na hora

sal

1 colher (sopa) de óleo de milho

COGUMELOS GLACEADOS

2 colheres (sopa) de óleo de milho

1 cebola média cortada em fatias finas

350 g de cogumelos paris (champignons) em fatias

2 colheres (chá) de alho amassado

1 colher (sopa) de manteiga

2 colheres (sopa) de vinho branco

2 colheres (sopa) de caldo de galinha

1 colher de (sopa) de molho inglês

pimenta-do-reino moída na hora

4 fatias de pão integral de sete cereais

Para preparar os cogumelos, leve uma panela de tamanho médio ao fogo brando, adicione o óleo. Espere esquentar e acrescente a cebola. Deixe-a dourar, mexendo sempre, até que fique macia (cerca de 4 minutos). Agregue os cogumelos e refogue por mais 4 minutos. Adicione o alho e frite por mais 1 minuto. Acrescente a manteiga e espere até que ela derreta. Adicione o vinho, o caldo de galinha, o molho inglês e a pimenta. Vá mexendo até que os cogumelos fiquem dourados. Remova do fogo e reserve. ▶ Para fazer os *burgers*, coloque o creme de leite numa tigela pequena. Acrescente os cubos de pão e espere até que fiquem embebidos. ▶ Coloque a carne e a gordura numa tigela média. Adicione os cubos de pão e os demais ingredientes, menos o óleo e o sal. Misture tudo até formar uma massa homogênea. Com a mistura, molde quatro hambúrgueres e salgue-os de ambos os lados. ▶ Leve uma frigideira, de preferência de ferro, ao fogo alto. Acrescente uma colher de óleo de milho e espere até que fique bem quente (cerca de 2 minutos). Coloque os hambúrgueres na frigideira, sem tampá-la, por 5 minutos. Vire os hambúrgueres e deixe por mais 4 minutos. ▶ Sirva os hambúrgueres no prato, cobertos com os cogumelos glaceados e acompanhados das fatias de pão.

Faz 4 hambúrgueres

Steak tartare hamburger

One day I went the restaurant at the Hotel Hyatt, the Eau, in São Paulo. The chef was Pascal Valero. This was the only reason why I accepted to try a dish on the menu, which sounded more like a joke to me: grilled steak tartare. If the "steak tartare" is the name of a raw dish, how could it be grilled? What the chef, Pascal Valero, did was very interesting. The meat was raw, cold as it should be, however, with both sides toasted, which resulted in an additional flavor. So I do a tribute to this chef with my recipe, which is prepared at his way.

HAMBURGER

660 g flank steak, no fat, cut into small cubes

4 tablespoons olive oil

1 tablespoon capers, chopped

1 tablespoon parsley

4 tablespoons onion, chopped

2 tablespoons pickled cucumber

2 tablespoons Dijon mustard

½ teaspoon Worcestershire sauce

black pepper, freshly ground

salt

oil to grease

4 slices *pumpernickel* bread (German bread)

Mix the ingredients well, even the salt and the pepper. Shape it into 4 hamburgers 2,5cm- tall. ▶ Heat the frying pan really well, grease it with oil and place two hamburgers at a time. Toast them quickly, both sides. That's it! You have just done something contradictory: a grilled steak Tartare. ▶ Serve with its inner part still cold on a *pumpernickel* slice.

Serves 4 hamburgers

+ Be careful when turning the burgers over, for they are still raw and so, very delicate. The secret is to leave the meat with its sides almost burnt.

Hambúrguer de steak tartare

Certo dia fui ao restaurante Eau do Hotel Hyatt, de São Paulo. O *chef* de cozinha era o Pascal Valero. Esta foi a única razão pela qual aceitei provar um prato cujo enunciado no cardápio mais me parecia uma piada: *steak tartare* grelhado. Ora se "*steak tartare*" é o nome de um prato cru, como poderia ser grelhado? O que o *chef* Pascal fez foi muito interessante. A carne era crua, fria como deve ser; porém, com os dois lados tostados, o que resultou em um sabor a mais. Um bom sabor a mais. Assim, faço uma homenagem ao *chef* com minha receita, preparada à moda dele.

600 g de fraldinha sem gordura picada em pedaços bem pequenos

4 colheres (sopa) de azeite de oliva

1 colher (sopa) de alcaparra picada

1 colher (sopa) de salsinha

4 colheres (sopa) de cebola picada em pedaços médios

2 colheres (sopa) de pepino azedo (em conserva) picado

2 colheres (chá) de mostarda de Dijon

1 colher (café) de molho inglês

pimenta-do-reino moída na hora

sal

azeite para untar

4 pães *pumpernickel*

Misture bem todos os ingredientes, inclusive o sal e a pimenta. Molde quatro hambúrgueres de 2,5 cm de altura. ▶ Esquente muito bem uma frigideira de ferro, untada com azeite, e coloque no máximo duas unidades por vez. Toste rapidamente a carne de um lado e do outro. Pronto, você acabou de fazer um contrassenso: um *steak tartare* grelhado. ▶ Sirva com o interior ainda bem frio, no pão *pumpernickel*.

Faz 4 hambúrgueres

+ Cuidado ao virar o *steak*, pois, como está cru no meio, é muito delicado. O segredo é deixar a carne com os lados quase queimados.

Bruschetta hamburger

You will not use fat in this hamburger, for the Gorgonzola cheese already seasons the meat. Prepare yourself for a very different hamburger. It is worth trying it.

HAMBURGERS

1 cup blue cheese (gorgonzola), mashed with a fork
1 tablespoon parsley, chopped
2 tablespoons onion, chopped
700g ground round steak
black pepper, freshly ground
salt
oil to grease

TOMATO TOP

1 tomato, chopped
2 garlic cloves, chopped
2 tablespoons parsley, chopped
3 tablespoons olive oil
3 tablespoons grated Parmesan cheese
black pepper, freshly ground
salt

8 Italian bread slices
olive oil

Mix all the ingredients of the Tomato Top in a bowl and set aside. ➤ To make the hamburgers, put the gorgonzola, the parsley and the onion into a large bowl. Add the meat and mix well, using your hands as little as possible. Divide it into 4 equal parts and mold them according to the shape of the bread. ➤ When the griddle is really hot, grease it with oil. Put the hamburgers to grill for about 4 minutes each side. ➤ While they are grilling, make the *bruschetta*. Rub the slices of bread with oil, both sides. Place them on a frying pan to quickly toast. ➤ Place a little Tomato Top on the slice of bread, the hamburger and Tomato Top again, and finally another slice of bread.

Serves 4 hamburgers

Bruschetta de hambúrguer toscano

Neste hambúrguer não vai gordura, pois o queijo gorgonzola já "lubrifica" a carne. Prepare-se para um *burger* bem diferente. Vale a pena experimentar.

HAMBÚRGUERES

1 xícara de queijo gorgonzola amassado com garfo
1 colher (sopa) de salsinha picada
2 colheres (sopa) de cebola picada
700 g de coxão mole moído
pimenta-do-reino moída na hora
sal
óleo vegetal para untar

COBERTURA DE TOMATE

1 tomate picado
2 dentes de alho picados
2 colheres (sopa) de salsinha picada
3 colheres (sopa) de manjericão picado
3 colheres (sopa) de azeite de oliva
3 colheres (sopa) de queijo parmesão ralado
pimenta-do-reino moída na hora
sal

8 fatias de pão italiano
azeite de oliva

Misture todos os ingredientes da cobertura de tomate numa tigela e reserve. ► Para fazer os hambúrgueres, coloque o gorgonzola, a salsinha e a cebola em uma tigela grande. Acrescente a carne e misture tudo, manuseando o mínimo possível. Divida em quatro porções iguais e modele no formato das fatias de pão. Acrescente o sal e a pimenta sobre os burgers já moldados. ► Quando a grelha estiver quente, unte-a com óleo vegetal. Coloque os hambúrgueres para grelhar por cerca de 4 minutos de cada lado. ► Enquanto os hambúrgueres grelham, faça a *bruschetta*. Unte as fatias de pão com azeite dos dois lados. Coloque-as sobre uma frigideira para tostar ligeiramente. ► Ponha um pouco da cobertura de tomate sobre cada fatia de pão, cubra com um hambúrguer, acrescente mais cobertura de tomate e, por fim, mais uma fatia de pão.

Faz 4 hambúrgueres

Kafta hamburger

Ferdinando Farah, my old friend, invented something that is worth eating. As a good Lebanese, he makes a remarkable Kafta. And, as a competent cook, he created a hamburger with the Kafta along with the essential parsley sauce – it became unbeatable.

HAMBURGERS

1 kg ground chunk steak, with fat but without nerves (or 850 g flank steak with 150g fat)

2 onions, chopped

2 tablespoons parsley, chopped

pinch of Syrian pepper (nutmeg, cinnamon and black pepper)

5 tablespoons breadcrumbs

salt

PARSLEY SAUCE

2 tablespoons parsley, chopped

2 tablespoons chives, chopped

salt

1 teaspoon olive oil

½ teaspoon lemon juice

4 *pita* bread pieces

Mix all the ingredients of the parsley sauce and set aside. ► For the hamburgers, mix all the ingredients well. Shape the mixture into 4 hamburgers. It is best to grill them on a barbecue or a griddle pan, with very little fat, for about 7 minutes each side. Serve between medium well to well-done. ► Place the Kafta hamburgers on the Syrian bread and top off with a large amount of the parsley sauce.

Serves 4 hamburgers

Hambúrguer de kafta

Ferdinando Farah, meu velho amigo, fez uma criação que vale a pena. Faz, como todo bom libanês, uma respeitável *kafta*. E, competente cozinheiro, criou um hambúrguer com a massa da *kafta*. Acompanhado do indispensável molho de salsinha, ficou imbatível.

HAMBÚRGUERES

1 kg de acém com gordura e sem nervos moído (ou 850 g de fraldinha com 150 g de gordura bovina)

2 cebolas picadas

2 colheres (sopa) de salsinha picada

2 colheres (sopa) de cebolinha picada

1 pitada de pimenta síria (noz-moscada, canela e pimenta-do-reino)

5 colheres (sopa) de farinha de rosca

sal

MOLHO DE SALSINHA

2 colheres (sopa) de salsinha picada

2 colheres (sopa) de cebolinha picada

1 pitada de sal

1 colher (chá) de azeite de oliva

1 colher (café) de suco de limão

4 pães sírios (*pita*)

Misture todos os ingredientes do molho de salsinha e reserve. ▶ Para os hambúrgueres, misture bem todos os ingredientes. Molde quatro hambúrgueres. O ideal é grelhar em churrasqueira ou em chapa com muito pouca gordura por aproximadamente 7 minutos de cada lado. Sirva entre "ao ponto" e bem passado. ▶ Coloque os burgers de *kafta* nos pães sírios e por cima uma generosa porção do molho de salsinha.

Faz 4 hambúrgueres

Sicilian hamburger with buffalo mozzarela and sweet tomato butter

The combination of veal with the freshness of buffalo mozzarella turns this burger into something light and tasty.

HAMBURGERS

300 g ground veal
250 g ground round roast
100 g ground meat fat
4 cloves of garlic, chopped
½ cup breadcrumbs
½ cup pinoli
½ teaspoon ground cinnamon
1 teaspoon rosemary
Black pepper, freshly ground
4 large slices of Buffalo Mozzarella
Vegetable oil to grease
12 chopped endive leaves
oil drained from the sun-dried tomatoes
salt

SWEET TOMATO BUTTER

100 g butter
¼ cup sun-dried tomatoes
1 tablespoon oil drained from the sun-dried tomatoes
1 teaspoon honey
¼ cup seedless grapes
1 tablespoon capers, crushed
1 tablespoon parsley, chopped
black pepper, freshly ground
salt

6 slices of Italian bread cut lengthwise

Beat all the ingredients of the sweet tomato butter in a food processor and set aside. ▶ To make the hamburgers, mix the two kinds of meat, the fat, the garlic, the breadcrumbs, the pinoli, the cinnamon, the rosemary and season with salt and pepper. Divide the mixture into four equal parts, handling it as little as possible. Shape the meat into 4 hamburgers, tucking a slice of Buffalo Mozzarella into the middle of each one. ▶ When the frying pan is very hot, grease it with oil and grill the hamburgers for 5 minutes each side. Meanwhile, rub the endive leaves with the oil from the sun-dried tomatoes and transfer them to another frying pan for about 1 minute. ▶ When the hamburgers are almost ready, take the slices of bread to lightly toast and rub them with the sweet tomato butter afterwards. Make a sandwich with the endive leaves, hamburger and endive leaves again.

Serves 4 hamburgers

Hambúrguer siciliano com mozarela de búfala e manteiga de tomate doce

A combinação da carne de vitelo com o frescor da *mozarela* de búfala deixa este *burger* muito leve e gostoso.

HAMBÚRGUERES

300 g de carne de vitelo moída

250 g de coxão mole bovino moído

100 g de gordura bovina moída

4 dentes de alho amassados

½ xícara de farinha de rosca

½ de xícara de pinoles

1 colher (café) de canela em pó

1 colher (chá) de alecrim

pimenta-do-reino moída na hora

4 fatias de *mozzarella* de búfala grandes

óleo vegetal para untar

12 folhas de *radicchio* picadas

azeite drenado dos tomates secos

sal

MANTEIGA DE TOMATE DOCE

100 g de manteiga

¼ xícara de tomate seco

1 colher (sopa) do azeite drenado dos tomates secos

1 colher (chá) de mel

¼ xícara de uvas sem sementes

1 colher (sopa) de alcaparras bem batidinhas

1 colher (sopa) de salsinha picada

pimenta-do-reino moída na hora

sal

6 fatias de pão italiano, cortadas no comprimento

Bata todos os ingredientes da manteiga de tomate no processador e reserve. ▶ Para fazer os hambúrgueres, misture as carnes, a gordura, o alho, a farinha de rosca, os pinoles, a canela, o alecrim e tempere com sal e pimenta. Divida a mistura em quatro partes iguais, manuseando-a o mínimo possível. Molde os hambúrgueres, embutindo uma fatia de *mozzarella* de búfala no centro de cada um deles. ▶ Quando a frigideira estiver quente, unte-a com óleo vegetal. Grelhe os hambúrgueres por 5 minutos de cada lado. Enquanto isso, unte as folhas de *radicchio* com o azeite dos tomates secos e coloque-os em outra frigideira, por cerca de 1 minuto. ▶ Quando os hambúrgueres estiverem quase prontos, leve os pães para tostar ligeiramente e depois unte-os com a manteiga de tomate doce. Faça um sanduíche com folhas de *radicchio*, hambúrguer e folhas de *radicchio* novamente.

Faz 4 hambúrgueres

Veal hamburger with porcini funghi

This is a very delicate hamburger. The sweet flavor of the fungi gives off a pungent smell.

HAMBURGERS

half the porcini funghi (see below)

450g ground veal

50g beef fat

salt

1 tablespoon olive oil

STIR-FRIED PORCINI FUNGI

40g dehydrated Porcini Fungi

1 tablespoon olive oil

1 tablespoon butter

2 tablespoons black pepper, freshly ground

¼ chives, chopped

¼ cup white wine

½ cup cream

black pepper, freshly ground

salt

8 thick slices of Italian bread, lightly toasted

chives to garnish

Dip the fungi in warm water for 1 hour. Drain them, saving the water for later. Dry them in towel paper, with care. ▶ Heat a pan with butter and oil (1 tablespoon). When it is hot, put in the fungi and stir-fry them until crispy on the edges (around 5 minutes). Season with pepper and salt. Put aside half of the fungi. ▶ To make the hamburgers, chop the other half of the fungi, which was fried, and transfer it to a bowl. Add the ground veal and the fat, season with salt and mix it until you have homogeneous dough. Shape it into 4 hamburgers. ▶ Take them to a frying pan, cast iron if possible, high heat. Add the oil and wait for it to heat (about 2 minutes). Place the hamburgers on the pan, no lid on, for 4 minutes. Turn them over and leave for another 3 minutes. ▶ Add the parsley, the chives to the saved fungi and cook them for about 1 minute, always stirring. Add the wine and stir until it is reduced to half. Add the cream, season to salt and pepper and continue cooking until it thickens and is reduced. ▶ Serve the hamburgers on the toasted slices of bread with the sauce on top and garnish with chopped spring onions.

Serves 4 hamburgers

Hambúrguer de vitelo com funghi porcini

Este é um hambúrguer muito delicado. O doce sabor do *funghi* confere aroma marcante.

HAMBÚRGUERES

metade do *funghi porcini* refogado (ver a seguir)
450 g de carne de vitelo moída
50 g de gordura bovina moída
1 colher (sopa) de azeite de oliva
sal

FUNGHI PORCINI REFOGADO

40 g de *funghi porcini* desidratado
1 colher (sopa) de azeite de oliva
1 colher (sopa) de manteiga
2 colheres (sopa) de salsinha fresca picada
¼ de xícara de cebolinha verde picada
¼ de xícara de vinho branco
½ xícara de creme de leite
pimenta-do-reino moída na hora
sal

8 fatias grossas de pão italiano levemente torradas
cebolinha picada para decorar

Mergulhe os *funghi* em água morna por 1 hora. Drene-os, reservando a água. Seque-os delicadamente com papel toalha. ▶ Leve uma panela ao fogo com uma colher (sopa) de azeite e a manteiga. Deixe esquentar e acrescente os funghi. Refogue até que fiquem levemente crocantes nas beiradas (cerca de 5 minutos). Tempere com pimenta-do-reino e sal. Reserve metade dos *funghi porcini*. ▶ Para fazer os hambúrgueres, pique a outra metade do *funghi* refogado e transfira para uma tigela. Acrescente a carne de vitelo e a gordura, salgue e misture até formar uma massa homogênea. Molde quatro hambúrgueres. ▶ Leve uma frigideira, de preferência de ferro, ao fogo alto. Acrescente o azeite e espere até que fique bem quente (cerca de 2 minutos). Coloque os hambúrgueres na frigideira, sem tampá-la, por 4 minutos. Vire os hambúrgueres e deixe por mais 3 minutos. ▶ Acrescente a salsinha e a cebolinha aos *funghi* reservados e leve-os ao fogo por aproximadamente 1 minuto, mexendo sempre. Adicione o vinho e mexa até que reduza à metade. Adicione o creme de leite, tempere com sal e pimenta e continue cozinhando até engrossar e reduzir. ▶ Sirva os hambúrgueres sobre as fatias de pão torrado, com o molho por cima, e decore com a cebolinha picada.

Faz 4 hambúrgueres

Veal hamburger in focaccia

This is one of the lightest recipes of the book. The veal is already delicate meat as well as the Caprese Topping.

HAMBURGERS

1 tablespoon olive oil
½ onion, finely chopped
1½ garlic cloves, crushed
50 g sliced "Prosciutto Crudo"
½ cup grated Parmesan cheese
450 g ground veal
50 g ground beef fat
2 tablespoons parsley, chopped
1 egg, beaten
2 tablespoons dry white wine
salt, if necessary
canola oil to grease

CAPRESE TOPPING

8 tomato slices,
8 basil leaves
4 slices buffalo mozzarella
1 tablespoon balsamic vinegar
4 tablespoons olive oil
1 tablespoon (not full) Dijon mustard
1 ½ tablespoon dry fines herbs
a pinch of black pepper, freshly ground

4 *focaccia* buns
2 tablespoons butter, softened

To make the Caprese Topping, put the tomatoes, the basil and the mozzarella into a bowl. In another small bowl, mix the olive oil, the vinegar and the mustard. Add the herbs and the pepper and mix well. Spread the mixture onto the tomatoes and mozzarella and leave it to marinate. ▶ To prepare the hamburgers, heat the oil on a frying pan, add the onions and the garlic and fry them until soft. Put it aside. ▶ Beat the salami, the ham and the Parmesan cheese in a food processor. Transfer to a bowl and add the veal, the fat, the parsley, the onion, the garlic, the egg and the wine. Shape the mixture into 4 hamburgers, taste it to check the salt. ▶ Pre-heat a griddle or a frying pan and grease it with the canola oil. Place the hamburgers on the pan to grill them for about 5 minutes each side. ▶ In the last minutes, rub the bread buns with butter and take them to the griddle to toast a little. Remove the tomato, the mozzarella and the basil from the marinade. Put one hamburger on one half of the *foccacia* bun, two slices of tomato, two basil leaves, one slice of mozzarella cheese and place the other half of the *focaccia* on top.

Serves 4 hamburgers

Hambúrguer de vitelo em focaccia

Esta é uma das receitas mais leves deste livro. A carne é de vitelo, que já é delicada, e a cobertura caprese dá um toque de frescor.

HAMBÚRGUERES

1 colher (sopa) de azeite de oliva

½ cebola picada

1 ½ dente de alho amassado

50 g de salame tipo italiano cortado em cubos

50 g de presunto cru fatiado

½ xícara de queijo parmesão ralado

450 g de vitelo moído

50 g de gordura bovina moída

2 colheres (sopa) de salsinha picada

1 ovo batido

2 colheres (sopa) de vinho branco seco

sal, se necessário

óleo de canola para untar

COBERTURA CAPRESE

8 fatias de tomate

8 folhas de manjericão

4 fatias de *mozzarella* de búfala

4 colheres (sopa) de azeite de oliva

1 colher (sopa) de vinagre balsâmico

1 colher (sopa) rasa de mostarda de Dijon

1 ½ colher (sopa) de ervas finas desidratadas

1 pitada de pimenta-do-reino moída na hora

4 pães de *focaccia* pequenos

2 colheres (sopa) de manteiga amolecida

Para fazer a cobertura caprese, junte os tomates, o manjericão e a *mozzarella* numa tigela. Em outra tigela, pequena, misture o azeite de oliva, o vinagre e a mostarda. Acrescente as ervas e a pimenta e mexa bem. Espalhe a mistura sobre os tomates e a *mozzarella* e deixe marinar. ▶ Para preparar os hambúrgueres, esquente o azeite numa frigideira. Acrescente a cebola e o alho e frite até que fiquem macios. Reserve. ▶ Bata o salame, o presunto e o parmesão no processador. Transfira para uma tigela e adicione a carne de vitelo, a gordura, a salsinha, a cebola, o alho, o ovo e o vinho. Molde quatro hambúrgueres. Prove e salgue se for necessário. ▶ Preaqueça uma grelha ou frigideira. Então, unte-a com o óleo de canola. Coloque os hambúrgueres para grelhar por cerca de 5 minutos de cada lado. ▶ Nos últimos minutos, unte as metades da *focaccia* com a manteiga e leve à grelha para tostar ligeiramente. ▶ Retire o tomate, a *mozzarella* e o manjericão da marinada. Coloque um hambúrguer sobre metade da focaccia, duas fatias de tomate, duas folhas de manjericão, uma fatia de *mozzarella* e cubra com a outra metade da *focaccia*.

Faz 4 hambúrgueres

Sirloin tip and lamb hamburger with aioli sauce

Everybody knows that lamb "enjoys" garlic. The mixture of these two kinds of meat results in a "third" and delicious combination. Try it!

HAMBURGERS

350 g ground tip steak

200 g ground lamb

100 g ground beef fat (lamb fat is even better)

¼ cup white wine

2 chives, chopped

2 tablespoons parsley, chopped

1 tablespoon mint leaves, chopped

½ teaspoon kummel

1 tablespoon ginger, chopped

½ teaspoon ground sweet paprika

a pinch of ground cinnamon

olive oil to grease

coarse salt

black pepper, freshly ground

AIOLI SAUCE

⅓ cup mayonnaise

¼ cups roasted red bell pepper, chopped

1 teaspoon garlic, crushed

1 teaspoon fresh lemon juice

a pinch of cayenne pepper

4 slices of brown bread

4 slices of onion

4 lettuce leaves

Mix all the aioli sauce ingredients well and take them to the fridge until serving. ► To prepare the hamburgers, mix the meat, the fat, the white wine, the chives, the parsley, the mint, the kummel, the ginger, the paprika, the cinnamon and shape to 4 hamburgers. ► Preheat a griddle or frying pan and then grease it with oil. Season the hamburgers with salt and grind the pepper over them, both sides. Fry them for about 4 minutes each side. ► In the last minutes, take the bread to the griddle or pan to lightly toast it. ► Spread the aioli sauce onto one slice of bread; place a lettuce leaf on it, then a slice of onion and finally the hamburger. Top it with another slice of bread.

Serves 4 hamburgers

Hambúrguer de maminha e cordeiro com molho aïoli

Todos sabem que o cordeiro "gosta" muito de alho. A mistura das duas carnes, cordeiro e maminha, resulta em uma "terceira" deliciosa. Experimente!

HAMBÚRGUERES

350 g de maminha moída

200 g de carne de cordeiro moída

100 g de gordura bovina moída (se conseguir de cordeiro melhor ainda)

¼ de xícara de vinho branco seco

2 cebolinhas picadas

2 colheres (sopa) de salsinha picada

1 colher (sopa) de folhas de hortelã picadas

1 colher (café) de *kümmel*

1 colher (chá) de gengibre picado

½ colher (chá) de páprica doce em pó

1 pitada de canela em pó

azeite de oliva para untar

sal grosso

pimenta-do-reino moída na hora

MOLHO AÏOLI

⅓ de xícara de maionese

¼ de xícara de pimentão vermelho assado picado

1 colher (chá) de alho amassado

1 colher (chá) de suco de limão espremido na hora

1 pitada de pimenta caiena

4 fatias de pão proto

4 rodelas de cebola

4 folhas de alface

Misture bem todos os ingredientes do molho *aïoli* e leve-o à geladeira até servir. ► Para preparar os hambúrgueres, misture as carnes, a gordura, o vinho branco, a cebolinha, a salsinha, a hortelã, o *kümmel*, o gengibre, a páprica e a canela e molde quatro hambúrgueres. ► Preaqueça uma grelha ou frigideira. Então, unte-a com o azeite. Salgue os hambúrgueres e moa a pimenta sobre um dos lados. Coloque-os para grelhar por cerca de 4 minutos de cada lado. ► Nos últimos minutos, leve o pão à grelha para tostá-lo ligeiramente. ► Passe o molho *aïoli* na metade inferior do pão, coloque uma folha de alface, uma rodela de cebola e o hambúrguer. Cubra com a outra metade do pão.

Faz 4 hambúrgueres

Lamb hamburger with mustard and grilled eggplant

Eggplants and hamburgers are a perfect combination. Garlic and lamb is even more perfect. All of this, with yogurt and basil, turns this burger into something very special.

HAMBURGERS

500 g ground lamb

80 g ground lamb fat

1 cup mushrooms, chopped

¼ cup hazelnuts, chopped

4 garlic cloves, crushed

1 egg white, slightly beaten

salt

¼ teaspoons black pepper, freshly ground

Dijon mustard

YOGURT WITH BASIL

½ cup plain yogurt

2 tablespoons freshly chopped basil leaves

½ cup sour cream

GRILLED EGGPLANT

1 small eggplant, peeled, cut in 1-cm slices

4 slices onion

olive oil

red chili pepper, ground

salt

vegetable oil

1 tablespoon red bell pepper, cut into cubes

½ tablespoon balsamic vinegar

4 slices of Italian bread

Dijon mustard

4 lettuce leaves

To prepare the yogurt with basil, beat them in the food processor. Transfer them to a bowl, add the sour cream and take it to the fridge. ► To make the grilled eggplant, rub some oil on the slices of the eggplant and the onion. In a bowl, mix the ground pepper and the salt. Sprinkle this mixture over the eggplant and the onion. ► Preheat a griddle or a frying pan and then, grease it with oil. Place the eggplant and the onion on the pan. Grill the eggplant for 5 minutes each side and the onion until it is almost burnt. Transfer them to a plate and dice everything. Add the red bell pepper and the vinegar and set aside. ► To prepare the hamburgers, mix all the ingredients but the mustard and the grilled eggplant. Shape it into 4 hamburgers, grease them with mustard both sides and take them to the griddle or frying pan for about 5 minutes each side. In the last minutes, take the slices of bread to the griddle to lightly toast them. ► Spread a little mustard on the bread, place a lettuce leaf on it, the hamburger, and the yogurt sauce and serve it on the plate with only one slice of bread underneath.

Serves 4 hamburgers

Hambúrguer de cordeiro com mostarda e berinjela grelhada

Berinjela e hambúrguer combinam que é uma beleza! Alho e cordeiro, nem se fale. Tudo isso com iogurte e manjericão faz deste *burger* algo excepcional.

HAMBÚRGUERES

500 g de carne de cordeiro moída

80 g de gordura de cordeiro moída

1 xícara de cogumelos paris (champignons) picados

¼ de xícara de avelãs picadas

4 dentes de alho amassados

1 clara de ovo ligeiramente batida

sal

¼ de colher (chá) de pimenta-do-reino moída na hora

mostarda de Dijon

IOGURTE COM MANJERICÃO

½ xícara de iogurte integral

2 colheres (sopa) de manjericão fresco picado

½ xícara de creme de leite azedo

BERINJELA GRELHADA

1 berinjela pequena, sem a casca, cortada em rodelas de 1 cm de espessura

4 fatias de cebola

azeite de oliva

pimenta dedo-de-moça moída

sal

óleo vegetal

1 colher (sopa) de pimentão vermelho cortado em cubos

½ colher (sopa) de vinagre balsâmico

4 fatias de pão italiano

mostarda de Dijon

4 folhas de alface

Para preparar o iogurte com manjericão, bata o iogurte e o manjericão no processador. Transfira para um recipiente, acrescente o creme de leite azedo e refrigere. ► Para fazer a berinjela grelhada, unte cada rodela e as fatias de cebola com azeite. Em uma tigela à parte, misture a pimenta moída e o sal. Polvilhe essa mistura sobre a berinjela e a cebola. ► Preaqueça uma grelha ou frigideira. Então, unte-a com óleo vegetal. Coloque a berinjela e a cebola na grelha. Deixe a berinjela por cerca de 5 minutos de cada lado e grelhe a cebola até que fique com as faces meio queimadas. Transfira-as para um prato e corte tudo em cubos. Junte o pimentão e o vinagre. Reserve. ► Para preparar os hambúrgueres, junte todos os ingredientes (exceto a mostarda) e a berinjela grelhada. Molde quatro hambúrgueres. Unte-os com mostarda dos dois lados e coloque-os na grelha por cerca de 5 minutos de cada lado. Nos últimos minutos, leve as fatias de pão à grelha para tostar ligeiramente. ► Espalhe um pouco de mostarda na metade inferior do pão, coloque uma folha de alface, o hambúrguer, o molho de iogurte e sirva no prato, com pão somente por baixo.

Faz 4 hambúrgueres

Hot lamb hamburger

Lamb is getting more and more popular among Brazilians. The "hot" seasoning enhances its flavor, which is already well impressive.

HAMBURGERS

600 g ground lamb

100 g ground lamb fat

2 tablespoons of ground pepper mix

1 garlic clove, crushed

2 tablespoons sesame oil

¼ cup merlot wine

salt

olive oil to grease

HOT TOMATO JAM

4 Sweet Chelsea tomatoes (Sakata Seeds), peeled, seedless, diced

⅓ cup sugar

3 tablespoons freshly chopped ginger

2 tablespoons rice or apple vinegar

½ teaspoon pepper sauce

salt

3 tablespoons fresh basil, cut into stripes

4 hamburger buns

4 lettuce leaves

To make the jam, put the tomatoes, the sugar, the ginger, the vinegar and half a teaspoon of the pepper sauce in a pan to cook. Bring the mixture to a boil, stirring once in a while, until the amount is reduced to half (around 30 minutes). Turn the heat down and let it cook for another 15 minutes. Add the rest of the pepper sauce and the basil. Continue cooking until the mixture reaches the thickness of jam. Then remove from the heat and let it cool off. ▶ To prepare the hamburger, take the lamb, the fat, the pepper mixture, the garlic, the sesame oil and the merlot wine to a bowl and mix everything. Season with salt. Shape it into 4 hamburgers. ▶ Preheat a griddle or a frying pan, and when it gets very hot, grease it with oil. Grill the hamburgers for about 4 minutes each side. ▶ In the last minutes, place the buns on the griddle or pan to lightly toast. Spread the hot jam on the lower part of the bun, place a lettuce leaf, the hamburger and top it with the other half of the bun.

Serves 4 hamburgers

Hambúrguer de cordeiro hot

O cordeiro está cada vez mais popular entre os brasileiros. Este, com tempero *hot*, valoriza muito seu sabor, que já é bem marcante.

HAMBÚRGUERES

600 g de carne de cordeiro moída

100 g de gordura de cordeiro moída

2 colheres (sopa) de uma mistura de pimentas moídas

1 dente de alho amassado

2 colheres (sopa) de óleo de gergelim

¼ de xícara de vinho *merlot*

sal

azeite de oliva para untar

GELEIA QUENTE DE TOMATE

4 xícaras de tomates Débora sem peles, sem sementes e cortados em cubos

⅓ de xícara de açúcar

3 colheres (sopa) de gengibre fresco picado

2 colheres (sopa) de vinagre de arroz (ou de maçã)

1 colher (café) de molho de pimenta

sal

3 colheres (sopa) de manjericão fresco cortado em tirinhas

4 pães de hambúrguer

4 folhas de alface

Para fazer a geleia, coloque os tomates, o açúcar, o gengibre, o vinagre e meia colher (café) de molho de pimenta em uma panela e leve ao fogo. Deixe a mistura ferver, mexendo de vez em quando, até que reduza à metade (cerca de 30 minutos). Abaixe o fogo e deixe cozinhar por mais 15 minutos. Adicione o molho de pimenta restante e o manjericão. Continue cozinhando até que a mistura adquira consistência de geleia. Então, retire do fogo e deixe esfriar. ▶ Para preparar o hambúrguer, junte o cordeiro, a gordura, a mistura de pimentas, o alho, o óleo de gergelim e o *merlot* em uma tigela. Tempere com sal. Molde quatro hambúrgueres. ▶ Preaqueça uma grelha ou frigideira. Quando estiver quente, unte-a com azeite de oliva. Grelhe os hambúrgueres por cerca de 4 minutos de cada lado. ▶ Nos últimos minutos, coloque os pães na grelha para tostar ligeiramente. Passe a geleia quente de tomate na parte inferior do pão, coloque uma folha de alface, o hambúrguer e cubra com a metade superior do pão.

Faz 4 hambúrgueres

Nem *fast*, nem *junk*

Fast-food, *junk-food*, sei-lá-o-que-*food* são descrições que podem servir para muita coisa, menos para hambúrguer...

Mesmo os hambúrgueres das redes internacionais — que podem até ser fast (rápido) — não fazem jus ao apelido de *junk* (lixo). O que vem junto com eles sim: a batata, o molho, o *milk-shake* cheios de gorduras e aditivos que não fazem nada bem para o nosso organismo. Já a matéria-prima do hambúrguer em si é apenas carne e gordura moídas. "Ah, mas é feito com isopor", dizem alguns. Ledo engano. O problema é que não leva tempero, e o que acaba dando o gosto é o tal do molho especial. Provando sem esse molho, é gosto de isopor na certa. "Mas é feito de minhoca!", afirmam outros. Errado. Não há minhoca no mundo para suprir toda a demanda e, se houvesse (e fosse usada), custaria mais que a carne bovina (haja vista o *escargot*, que é um caramujo, e custa bem caro!). Então, desista das minhocas e do isopor, é a boa e velha carne moída mesmo, que sempre funcionou. Em time que está ganhando, não se mexe!

E o hambúrguer de verdade, aquele das hamburguerias? Este nem é *fast*, nem é *junk*! Eles têm às vezes mais de 200 g de carne, fazendo seu preparo tardar pelo menos doze minutos. Desde que os hambúrgueres ultrapassaram a categoria de "sanduíche", chegando à dos "grelhados", novos compromissos foram assumidos. Por exemplo: não venha argumentar que você sempre pediu ao garçom o hambúrguer no seu "ponto" preferido; não acredito. Até porque não era o garçom que o servia e sim o balconista. O hábito de pedir hambúrguer "ao ponto" é coisa do século 21!

Elevamos o *burger* (como é carinhosamente conhecido) à comida *gourmet*. Com sabor (e preços) condizente com seu novo status. Assim, não dá mais para servi-lo duro. Isso mesmo: duro! Não acredita? "Como é que uma carne moída pode ser dura?" Pois pode! É só fritá-lo demais, passando-o do ponto. Quando o hambúrguer fica tempo demais na chapa, ele perde cerca de metade do seu peso! Deixando-o "ao ponto", ele reduz só 20% a 30%. Outra maneira de deixar o hambúrguer duro é diminuir

Neither fast, nor junk

Fast food, junk food, whatever they call it, names that fit many things, except hamburgers.

Even the hamburgers from international chains, which may even be fast, but do not match up with the nickname "junk" (garbage). It can be consider junk what comes along with them, like the French fries, the sauce, the milkshake that contain a lot of saturated fat and chemicals, are not good for our health. Yet, the raw material of the hamburger is just ground meat and fat. Some people even say hamburgers are made with "Styrofoam": no way! The only problem is that these hamburgers do not have spices; their good taste comes from the sauces that accompany them. If you do not add the sauce to your hamburger, it is completely tasteless. Some also say they are made with "worms"! Wrong! There aren't enough worms to supply the world's demand for hamburgers; if there were, they would cost a fortune (take the *escargot* as an example; it is a kind of snail and it is very expensive). So, give up the worms and the Styrofoam and believe it is the real ground meat. Leave well enough alone! And the real hamburgers, those from the hamburger restaurants? These are neither fast nor junk! Sometimes they have over 200g of meat, what makes them get ready at least 12 minutes later. Since hamburgers failed to be considered sandwiches and started to be seen as grilled meat, new responsibilities have been attributed to them. For example, don't tell me you have always asked the waiter to bring your hamburger medium-well- I don't believe it! Besides, he was not a waiter but a kind of a clerk. The habit of ordering hamburgers medium-well belongs to the twenty-first century.

We have included the burger in the category of *gourmet* food. As its flavor and prices match its new status, we cannot serve it "hard" any longer. That's it! Hard. You don't believe it? How can ground meat be hard? But it can. If you fry it for a longer period than you should, it will certainly get hard. When it stays on

seu teor de gordura. Com menos de 14% de gordura, ele fica totalmente sem graça. Boa parte dessa gordura vai derreter na chapa quente. Se não tiver gordura, o que vai embora é a água, e com ela a suculência. Portanto, vamos sempre servir o hambúrguer "ao ponto" e com aquela proporção de gordura ideal.

the griddle for a long time, it loses around half of its weight. When you leave it medium-well it loses just 20 or 30%. Another way of rendering it hard is to diminish the quantity of fat. With less than 14% of fat, it gets totally tasteless. A good part of this fat will melt on the hot griddle. If there is no fat, what goes away is water, and with it, its succulence. Therefore, let's always serve hamburgers medium rare and with that ideal proportion of fat.

Many Mediterranean recipes are made with lamb and feta cheese. Why? Because they get very delicious.

Lamb hamburger and feta cheese with spinach and yogurt sauce with kummel

Many mediterrean recipes are made with lamb and feta. Do you know why? Because they are great.

HAMBURGERS

450 g ground lamb

100 g feta cheese, mashed with a fork

½ cup onion, chopped

8 black olives, chopped

2 teaspoons chopped garlic

½ teaspoon oregano

1 tablespoon olive oil

salt

SPINACH

2 tablespoons olive oil

350 g spinach leaves

1 teaspoon garlic, peeled, crushed

black pepper, freshly ground

salt

YOGURT SAUCE WITH KUMMEL

1 cup plain yogurt

1 tablespoon fresh lemon juice

1 teaspoon kummel

1 teaspoon ground curry

1 teaspoon ginger

salt

4 syrian (*Pita*) bread rolls

To prepare the spinach, preheat a casserole-type pan with oil. When it gets hot, add the spinach and cook it for about 1 minute, and then add the garlic, the pepper and the salt. Mix together and cook for about 1 to 2 minutes, stirring well. Pour the mixture into a plate and set aside. ▶ In a bowl, mix all the ingredients of the yogurt sauce and take it to the fridge. ▶ For the hamburgers, mix all the ingredients, (except the oil and the salt) until you have homogeneous dough. Shape it into 4 hamburgers and, with your finger, make a small hole in the middle of the burgers. Season with salt both sides. ▶ Heat some oil in a frying pan on a high heat for about 2 minutes. Place your burgers on the pan and fry them for about 5 minutes one side and 4 minutes the other side, no lid on. ▶ Serve them on the Syrian bread rolls and top them with spinach and the yogurt sauce.

Serves 4 hamburgers

+ This hamburger can also be made with beef (round roast, knuckle, tip steak or flank steak)

Hambúrguer de cordeiro e queijo feta com espinafre e molho de iogurte com kümmel

Várias receitas mediterrâneas são feitas com cordeiro e feta. Sabe por quê? Porque ficam uma delícia.

HAMBÚRGUERES

450 g de carne de cordeiro moída

100 g de queijo feta amassado

½ xícara de cebola picada

8 azeitonas pretas picadas

2 colheres (chá) de alho picado

1 colher (café) de orégano

1 colher (sopa) de azeite de oliva

sal

ESPINAFRE

2 colheres (sopa) de azeite de oliva

350 g de folhas de espinafre

1 colher (chá) de alho amassado

pimenta-do-reino moída na hora

sal

MOLHO DE IOGURTE COM KÜMMEL

1 xícara de iogurte integral

1 colher (sopa) de suco de limão espremido na hora

1 colher (chá) de *kümmel*

1 colher (chá) de *curry* em pó

1 colher (chá) de gengibre

sal

4 pães sírios (*pita*)

Para preparar o espinafre, leve uma panela ao fogo com o azeite. Deixe aquecer e adicione o espinafre. Cozinhe por 1 minuto e então acrescente o alho, a pimenta-do-reino e o sal. Cozinhe por mais 1 a 2 minutos, mexendo sempre. Transfira para um prato e reserve. ▶ Em uma tigela, misture todos os ingredientes do molho de iogurte e leve-o à geladeira. ▶ Para os hambúrgueres, misture os ingredientes (exceto o azeite e o sal) até formar uma massa homogênea. Molde quatro hambúrgueres. Faça uma covinha no centro de cada um deles com a ponta dos dedos e salgue-os em ambos os lados. ▶ Leve uma frigideira, de preferência de ferro, ao fogo alto. Acrescente o azeite e espere até que fique bem quente (cerca de 2 minutos). Coloque os hambúrgueres na frigideira, sem tampá-la, por 5 minutos. Vire os hambúrgueres e frite-os por mais 4 minutos. ▶ Sirva no pão sírio, coberto com o espinafre e o molho de iogurte.

Faz 4 hambúrgueres

+ Este hambúrguer também pode ser feito com carne bovina (coxão mole, patinho, maminha ou fraldinha).

Chicken oriental hamburger with grilled shiitake

This recipe is almost a sort of cashew chicken. If you like it, you will also enjoy this one.

HAMBURGERS

2 tablespoons sesame seeds

700 g chicken leg quarters, with the skin ground

½ tablespoon parsley

½ chives, chopped

½ ginger, chopped

1 teaspoon cornstarch

¼ teaspoon garlic, ground

¼ teaspoon sesame oil

¼ teaspoon black pepper, freshly ground

salt

vegetable oil to grease

MUSTARD SAUCE

¼ cup dry white wine

2 tablespoons ground mustard seeds

1 teaspoon grated horseradish

1 teaspoon ground onion

¼ teaspoon ground garlic

¼ teaspoon ground cayenne pepper/salt

GRILLED SHIITAKE

4 *shiitake* mushrooms, no stalk

1 tablespoon sesame oil

butter

4 onion hamburger buns

Mix all the ingredients of the mustard sauce in a bowl and put to one side for 1 hour. ▶ To prepare the hamburgers, toast the sesame seeds on a frying pan. Let them cool off a bit and mix them with the chicken, the parsley, the chives, the ginger, the cornstarch, the ground garlic, the sesame oil, the pepper and the salt. Shape it into 4 hamburgers. ▶ Preheat a griddle or a frying pan, tug in some vegetable oil. Place the hamburgers on the pan and let them grill while you baste them with the mustard sauce. Let them fry for about 4 to 5 minutes each side. In another pan, rub the mushrooms with the sesame oil and grill them, also drizzling with a bit of the sauce until tender. Place the mushrooms on top of the burgers. ▶ In the last minutes, spread butter on the buns and lightly toast them on the griddle. ▶ Place the hamburgers on the buns.

Serves 4 hamburgers

Hambúrguer oriental de frango com shiitake grelhado

É quase um frango xadrez em forma de hambúrguer. Quem gosta de um adora o outro!

HAMBÚRGUERES

2 colheres (sopa) de semente de gergelim

700 g de sobrecoxa de frango com pele moída

½ colher (sopa) de salsinha

½ colher (sopa) de cebolinha verde picada

½ colher (chá) de gengibre picado

1 colher (chá) de amido de milho (maisena)

¼ de colher (chá) de alho em pó

¼ de colher (chá) de óleo de gergelim

¼ de colher (chá) de pimenta-do-reino moída na hora

sal

óleo vegetal para untar

MOLHO DE MOSTARDA

¼ de xícara de vinho branco seco

2 colheres (sopa) de semente de mostarda moída

1 colher (chá) de raiz-forte ralada

1 colher (chá) de cebola em pó

¼ de colher (chá) de alho em pó

¼ de pimenta caiena em pó

sal

SHIITAKE GRELHADOS

4 cogumelos *shiitake* sem caule

1 colher (sopa) de óleo de gergelim

manteiga

4 pães de hambúrguer de cebola

Misture todos os ingredientes do molho de mostarda em uma tigela e reserve por 1 hora. ► Para preparar os hambúrgueres, torre as sementes de gergelim em uma panela. Deixe esfriar e misture com o frango, a salsinha, a cebolinha, o gengibre, a maisena, o alho em pó, o óleo de gergelim, a pimenta-do-reino e o sal. Molde quatro hambúrgueres. ► Preaqueça uma grelha ou frigideira. Então, unte-a com o óleo vegetal. Coloque os hambúrgueres e deixe-os grelhar, regando-os frequentemente com o molho de mostarda, por cerca de 4 a 5 minutos de cada lado. Em outra frigideira, unte os cogumelos com o óleo de gergelim e ponha-os para grelhar, regando-os frequentemente com um pouco de molho, até que fiquem tenros. Depois ponha os cogumelos sobre os hambúrgueres. ► Nos últimos minutos, passe manteiga nos pães e leve-os à grelha, para tostar ligeiramente. ► Coloque cada hambúrguer com cogumelo entre as metades do pão quente.

Faz 4 hambúrgueres

Reggiano hamburger with pesto

This is a chicken burger boosted by powerful ingredients. The chicken almost disappears, but it gets very delicious.

HAMBURGERS

700 g chicken thighs, bones and skinless, cut into pieces
100 g Prosciutto Crudo
100 g Gorgonzola cheese
¼ cup dry breadcrumb
¼ cup grated Parmesan cheese (Parmigiano-Reggiano, preferably)
2 tablespoons fresh basil
1 teaspoon salt
2 tablespoons vegetable oil

PESTO

¼ cup extra virgin olive oil
3 cups fresh basil leaves
¼ Parmesan cheese (Parmegiano-Reggiano, preferably)
1 tablespoon pinoli

4 small *foccacia* bread rolls

To prepare the pesto, beat the oil and the basil in the food processor until you have a purée. Add the Parmesan cheese and the pinoli, and beat until soft. Set aside. ► Before you prepare the hamburgers, make sure the chicken had been in the refrigerator. When it is very cold, transfer all the ingredients (except the oil) to the food processor and beat them, leaving the mixture lightly soft. Shape it into 4 hamburgers. ► Take a frying pan to high heat and drizzle 2 tablespoons of oil. Wait for it to get very hot before you place the hamburgers. Fry them for 6 minutes each side, or until they are not pink inside. ► The hamburgers can also be prepared on a grill. In this case, leave them in the fridge for at least one hour. Clean and grease the grill before grilling them. ► Serve the burgers on the Focaccia bread with a spoonful of pesto.

Serves 4 hamburgers

Hambúrguer reggiano com pesto

Este é um *burger* de frango, turbinado por ingredientes potentes. O frango quase some, mas fica muito gostoso.

HAMBÚRGUERES

700 g de coxas de frango sem pele e sem osso, cortadas em pedaços

100 g de presunto cru picado

100 g de queijo gorgonzola

¼ de xícara de miolo de pão seco

¼ de xícara de queijo parmesão ralado (*Parmigiano-reggiano*, de preferência)

2 colheres (sopa) de manjericão fresco

1 colher (chá) de sal

2 colheres (sopa) de óleo vegetal

PESTO

¼ de xícara de azeite de oliva extravirgem

3 xícaras de folhas de manjericão fresco

¼ de xícara de queijo parmesão (*Parmigiano-reggiano*, de preferência)

1 colher (sopa) de pinoles

4 pães de *focaccia* pequenos

Para preparar o pesto, bata o azeite e o manjericão no processador até formar um purê. Acrescente o queijo parmesão e os pinoles e bata até incorporar. Reserve. ▶ Antes do preparo dos hambúrgueres, gele bem a carne de frango. Quando ela estiver bem gelada, coloque todos os ingredientes no processador (exceto o óleo) e bata, deixando a mistura um pouco pedaçuda. A massa ficará meio mole. Molde quatro hambúrgueres. ▶ Leve uma frigideira, de preferência de ferro, ao fogo alto. Acrescente duas colheres de óleo e espere até que fique bem quente (cerca de 2 minutos). Coloque os hambúrgueres na frigideira, sem tampá-la, por 6 minutos. Vire os hambúrgueres e deixe por mais 5 ou 6 minutos, ou até que não estejam mais rosados no centro. ▶ Os hambúrgueres podem ser preparados também na grelha. Nesse caso, deixe-os na geladeira por pelo menos 1 hora e verifique se a grelha está bem limpa e untada. ▶ Sirva os *burgers* no pão de *focaccia*, com uma colher de pesto.

Faz 4 hambúrgueres

Mini duck hamburger with shiitake cream

Prepare yourself for something quite different. Duck meat is red; therefore, it is excellent for hamburgers. The combination with shiitake and hot sweet mustard sauce is perfect.

HAMBURGERS

700 g ground duck, with skin on
2 chives, chopped
¾ teaspoon freshly chopped ginger
1 tablespoon garlic, peeled and chopped
black pepper, freshly ground
salt
vegetable oil to grease

MARINADE

2 chives, chopped (both white and green parts)
2 tablespoons parsley, chopped
1 ½ tablespoon wine vinegar
2 tablespoons apple vinegar
1 ½ teaspoon sesame oil
1 teaspoon sugar
½ teaspoon freshly chopped ginger
¼ teaspoon Tabasco
white pepper, freshly ground / salt

SHIITAKE MUSHROOM CREAM

3 tablespoons olive oil
450g shiitake mushrooms without stalks, cut into 4
1 onion, finely chopped
¼ cup balsamic vinegar
¼ cup basil leaves, chopped
1 teaspoon honey
¼ teaspoon black pepper, freshly ground / salt

12 mini french rolls
soft butter
rocket leaves to garnish

Mix all the marinade ingredients well in a bowl and take it to refrigerate. To prepare the mini-hamburgers, mix all the ingredients (except the oil) with 2 tablespoons of marinade. Cover it and take it to the fridge for at least 1 hour. ► To prepare the mushroom cream, heat the oil in a pan over medium heat. Add the mushrooms, and stir fry them until tender. Add the onion, and fry it until soft. Add ¼ cup of the marinade, the vinegar, the basil, the honey, the garlic, the salt, and the pepper and mix, once in a while. Let it reduce until there is enough liquid to cover the mushroom only. Put a lid on and take it to the fridge until serving. ► After 1 hour, in the fridge, divide the mixture of ground duck in 12 equal parts, making mini 1.5cm thick hamburgers the shape of the bread rolls. ► Preheat a griddle or a frying pan, grease with oil and grill the burgers, always drizzling the marinade over them, 4 minutes each side. ► In the last minutes, place the mini rolls onto the pan to lightly toast, rub them with butter and place the hamburger, the shiitake cream and the rocket leaves on the bread. Place the other half of the bread on the top and serve.

Serves 12 mini hamburgers

Míni-burguer de pato com creme de shiitake

Prepare-se para algo bem diferente. A carne de pato é vermelha; portanto, excelente para hambúrgueres. A combinação com o *shiitake* e o molho de mostarda apimentado doce é perfeita.

HAMBÚRGUERES

700 g de carne de pato moída com pele

2 cebolinhas verdes picadas (parte branca e um pouquinho da parte verde)

¾ de colher (chá) de gengibre fresco picado

1 colher (sopa) de alho picado

pimenta-do-reino preta moída na hora / sal

óleo vegetal para untar

MARINADA

2 cebolinhas verdes picadas

2 colheres (sopa) de salsinha picada

1 ½ colher (sopa) de alho picado

2 colheres (sopa) de vinagre de vinho

2 colheres (sopa) de vinagre de maçã

1 ½ colher (chá) de óleo de gergelim

1 colher (chá) de açúcar

½ colher (chá) de gengibre fresco picado

½ colher (café) de tabasco

pimenta-do-reino branca moída na hora / sal

CREME DE COGUMELO SHIITAKE

3 colheres (sopa) de azeite de oliva

450 g de cogumelos *shiitake* sem caules, cortados em quatro

1 cebola bem picada

¼ de xícara de vinagre balsâmico

¼ de xícara de folhas de manjericão picadas

1 colher (chá) de mel

pimenta-do-reino preta moída na hora / sal

12 minipães franceses / manteiga amolecida

folhas de rúcula para decorar

Misture bem todos os ingredientes da marinada em uma tigela e refrigere. Para preparar os míni-hambúrgueres, misture todos os ingredientes (exceto o óleo vegetal) e duas colheres (sopa) da marinada. Cubra e leve à geladeira por no mínimo 1 hora. ▶ Para preparar o creme de cogumelo, aqueça o azeite em uma panela, em fogo médio. Acrescente os cogumelos e refogue até que fiquem tenros. Adicione a cebola e refogue até que fique translúcida. Junte ¼ de xícara da marinada, o vinagre, o manjericão, o mel, o alho, o sal e a pimenta. Mexa de vez em quando. Deixe reduzir até que sobre líquido suficiente apenas para cobrir o cogumelo. Cubra e leve à geladeira até servir. ▶ Depois de 1 hora na geladeira, divida a mistura de carne moída em 12 partes iguais, formando míni-hambúrgueres com 1,5 cm de espessura, no formato dos minipães. ▶ Preaqueça uma grelha ou frigideira. Então, unte-a com o óleo vegetal. Coloque os *miniburgers* para grelhar, regando-os frequentemente com a marinada, por cerca de 4 minutos de cada lado. ▶ Nos últimos minutos, coloque os minipães cortados ao meio na grelha para tostarem ligeiramente. ▶ Espalhe manteiga sobe os minipães, coloque o hambúrguer, o creme de *shiitake* e folhas de rúcula. Cubra com a outra metade dos pãezinhos.

Faz 12 míni-hambúrgueres

Valor Econômico | 5 de agosto, 2000 | István Wessel

Nesse museu, você pode comprar as obras

Metropolitan, MoMA e Guggenheim são museus que todos os turistas esclarecidos visitam quando vão a Nova York. Lamentavelmente, neles não se pode tocar, muito menos comprar as obras de arte, só admirar. As razões são várias, mas certamente a principal é que as obras não estão à venda.

Por outro lado, existem "museus" por lá onde você pode admirar, tocar e até comprar as obras de arte. Um deles fica justamente no coração do distrito das artes. Mais exatamente na Madison quase esquina da Rua 61. Endereço mais nobre, impossível. Pois é lá que se localiza a Sherry-Lehmann, desde 1934. O lugar já era de alto nível naquela época, em que seus clientes deviam ser os Vanderbilt e os Bloomingdale. Hoje, então, seria simplesmente impensável instalar lá, em um dos metros quadrados mais caros do mundo, uma loja de vinhos. Mas não se trata de uma loja qualquer, pois, além de dispor de milhares de títulos no acervo, a casa tem o mundo como clientes.

Só para ter uma ideia, eles anunciam quase diariamente no prestigioso **New York Times.** *Detalhe: página inteira. Além disso, editam trimestralmente maravilhosos catálogos que servem de referência para preços e variedades do infindável mundo dos vinhos e de outras bebidas especiais. Estes são abundantemente ilustrados por óleos de conhecidos impressionistas. O número atual retrata cenas de Paris na belle époque, por Wayne Ensrud, de modo a já ir criando o clima.*

Neste momento, você pode estar se perguntado: mas o que é que eu faço com todas essas informações? Resposta: compras. Se você é um ilustre habitante do maravilhoso mundo dos vinhos, passe uma hora por lá. Para começar, pense bem em quantos dias você passará na cidade e leve umas meias garrafas de champanhe. Coloque-as na geladeira do quarto do hotel e faça um brinde à noite antes de sair. Afinal, passear em Nova York já é motivo para comemorar... e sem gastar muito, pois uma meia está entre 15 e 17 dólares.

Valor Econômico | Aug 5, 2000 | István Wessel

In this museum, all the works of art are on sale

Metropolitan, MOMA and Guggenheim are the museums visited by all the enlightened tourists who go to New York. Unfortunately, we cannot buy their works of art, just admire them. The reasons are numerous, but certainly the main one is because these works are not for sale.

On the other hand, there are the "museums" you can admire, touch and even buy their works of art. One of them is just in the heart of the Theater District. It is located on the corner of Madison avenue and 61st street. A nobler address would be impossible. It is exactly there that you will find Sherry-Lehmann, which has been there since 1934. The place was high-class at that time when its clients must have been the Vanderbilts or the Bloomindales. It would be simply impossible to open a wine store there today, as it is one of the most expensive places in the world. However, this place is not an ordinary store because, besides having one of the biggest collections, the place has the world as its clients.

Just to have an idea, they advertise everyday in the prestigious New York Times, whole page. Besides that, they publish wonderful catalogues, which serve as reference to prices and large varieties of wine and other liquors. These are profusely illustrated by canvas painted by well-known impressionist painters. The present number portrays Paris at "la Belle Époque", by Wayne Ensrud, who lightens the atmosphere.

At this moment, you may be asking yourself: what am I going to do with all this information? If you are already an expert in the wonderful world of wine, spend one hour there. To begin with, think of how many days you will be spending in town, and take some half-bottles of champagne to store in the hotel fridge to make a toast before going out at night. After all, visiting New York is already one reason to celebrate...and without spending much, for half a bottle may be costing around 15 to 17 dollars.

Outras compras que valem a pena são aquelas da categoria "vinho nosso de cada dia". Lá, como cá, a maioria dos bons restaurantes coloca um razoável mark-up no preço dos bons vinhos, o que cria um sério problema. Uma refeição extraordinária só se torna inesquecível se acompanhada por vinhos de, no mínimo, boa qualidade. O problema é que essas bebidas nos grandes restaurantes podem facilmente dobrar ou triplicar o gasto por pessoa, que nunca é pouco. Assim, você fica diante do seguinte dilema, não pedir vinho e ficar contrariado, ou tomar um bom vinho e na hora da conta querer cortar os pulsos. Solução: compre algumas boas garrafas no Sherry-Lehmann e na hora da reserva (você, viajante experiente, é claro, nem cogita ir a um bom restaurante em Nova York sem reservar) avisa que vai levar vinhos. Alguns restaurantes cobram "taxa de rolha", o que é mais que justo. Lembre-se de que esses restaurantes servem vinhos em taças Riedel que, não raro, podem custar 40 dólares e, lamentavelmente, às vezes quebram. Assim, cobrar até uns 20% do valor do vinho a título de "rolha" é aceitável. Dependendo da recomendação ou do bom humor do gerente, ele pode nem cobrar a taxa. Nesse caso, capriche na gorjeta; não fique só nos 15%.

Finalmente, outra grande economia que você pode fazer na Sherry-Lehmann é na prateleira de "raridades". Para nossos padrões, tudo lá é muito bem comprado, pois os impostos são menores, desde o de importação até o de comercialização. Quem sabe essa é a razão do estado deplorável da sociedade americana? Talvez os administradores de lá poderiam tomar umas lições com os nossos. Mas, voltando ao que interessa... Entre as "raridades" estão as garrafas grandes, dificilmente compráveis por aqui. Grandes garrafas são as "magnum" (equivalentes a duas garrafas), as "duplo-magnum" (iguais a quatro garrafas), e assim por diante. A maior extravagância no tamanho "duplo-magnum" é o Petrus 1986, por "apenas" US$ 4.750. Digamos, é um bom presente (seja para quem for, principalmente, para si, é claro!). A questão é que esses vinhos estão se extinguindo mais rapidamente que o mico--leão-dourado, que bem ou mal ainda está em reprodução. E assim vai, de economia em economia você faz seu pé de meia; afinal a vida é curta. E bela!

Another item, which is worth buying, is the ordinary, everyday wine. In New York, most of the restaurants add a reasonable mark-up on the price of good wines, and this brings about a serious problem. An extraordinary meal is unforgettable only if a good wine accompanies it. The problem is that these drinks can really double the price of the bill in a restaurant, which is never low there. Thus you face a great problem and a dilemma: not to order wine and get upset, or have a good wine and want to kill yourself when the bill comes. Solution: buy some bottles of Sherry-Lehmann, and when you book the restaurant (as you are a good traveler, you never thought of going to a good restaurant in New York without booking it in advance) tell the person on the phone that you are taking wine with you. Some restaurants charge a corkage fee, which is totally fair. Remember that these restaurants serve wine in Riedel glasses, which frequently cost about 40 dollars, and unfortunately, sometimes they break. Thus, charging at least 20% corkage fee is completely acceptable. Depending on the manager's mood, he might not charge the fee. In this case, do not save on the tip, which is normally just 15%.

Finally, another good bargain in the Sherry-Lehmann's store is on the shelf of "rarities". For our standards, everything there is very well bought, since the taxes are lower than ours (the import and the trading taxes). What if this is the reason for such a deplorable condition of the American society? Maybe the businessmen there could take some lessons from ours here. But back to what really matters, among the rarities are the real big bottles, very hard to compare with the ones we have here. Big bottles are a magnum and the double-magnum, and so on. The biggest one is the extravagant Petrus from 1986, a double-magnum, which costs U$4,750. Let's say it is a good present (no matter who you are giving it to, especially if it is for yourself). The question is that these wines are in extinction, faster than the Golden Lion Tamarinds, which, for better or worse, are still breeding. So, little by little, you build a nest egg. After all, life is short, and beautiful!

Pork leg hamburger with ginger, potato and onion

Undoubtedly, pork has a special flavor. Since pork has been very low-fat nowadays, we had to add bacon. And it got very good.

HAMBURGERS

450 g ground pork leg

50 g ground bacon

2 tablespoons ginger, finely chopped

¼ cup dry white wine

1 tablespoon soy sauce

½ teaspoon black pepper, freshly ground

salt

vegetable oil to grease

POTATO AND ONION

1 big potato

1 big onion

2 tablespoons soy sauce

2 teaspoons Mirin (sweet Japanese rice wine similar to sake)

4 hamburger buns

4 teaspoons soft butter

Peel the potato and the onion and slice them to 0.5cm thick. Place them in a bowl with the soy sauce and the Mirin. Give it a stir for the sauce to penetrate all the slices. ▶ To make the hamburgers, mix all the hamburgers with care, except the vegetable oil, and shape the pork meat into 4 hamburgers. ▶ When the frying pan is very hot, grease it with the oil. Fry the hamburgers for 5 minutes each side. Fry the seasoned potato and onion, both sides, until golden. ▶ When they are almost ready, cut the buns and spread butter. Place the buns on another frying pan to toast. Remove them from the pan and put a slice of potato, one slice of onion and then the hamburger on the top. ▶ Serve immediately.

Serves 4 hamburgers

Hambúrguer de pernil de porco com gengibre, batata e cebola

Sem dúvida, a carne de porco tem um sabor especial. Acontece que os porcos andam tão magros que foi necessário acrescentar *bacon*. E ficou muito bom.

HAMBÚRGUERES

450 g de pernil de porco moído
50 g de *bacon* moído
2 colheres (sopa) de gengibre bem picadinho
¼ de xícara de vinho branco seco
1 colher (sopa) de *shoyu*
½ colher (chá) de pimenta-do-reino moída na hora
sal
óleo vegetal para untar

BATATA E CEBOLA

1 batata grande
1 cebola grande
2 colheres (sopa) de *shoyu*
2 colheres (chá) de *mirin* (vinho doce japonês de arroz, para cozinhar)

4 pães de hambúrguer
4 colheres (chá) de manteiga amolecida

Descasque a batata e a cebola e corte-as em fatias de 0,5 cm de espessura. Coloque-as em uma tigela com o *shoyu* e o *mirin*. Dê uma mexida para que todas as rodelas fiquem em contato com o molho. Reserve. ▶ Para fazer os hambúrgueres, misture todos os ingredientes (exceto o óleo vegetal) cuidadosamente e molde quatro porções iguais. ▶ Quando a frigideira estiver quente, unte-a com óleo vegetal. Coloque os hambúrgueres para grelhar por cerca de 5 minutos de cada lado. Frite também a batata e a cebola temperadas, dos dois lados, até ficarem douradas. ▶ Quando estiver quase pronto, corte os pães de hambúrguer e passe a manteiga. Disponha-os abertos sobre outra frigideira até dourar. Retire-os da frigideira e coloque uma rodela de batata e uma de cebola sobre ele e, em seguida, o hambúrguer. ▶ Sirva imediatamente.

Faz 4 hambúrgueres

Hamburger "à la feijoada"

Believe it or not, this hamburger was invented by the Americans, in honor of one of the Brazilian gastronomy symbols.

HAMBURGERS

660 g ground pork leg

80 g ground bacon

¼ cup breadcrumbs

half the marinade

vegetable oil to grease

salt

MARINADE

1 tablespoon garlic, peeled and crushed

½ cup red wine vinegar

¼ teaspoon red chili, chopped

1 teaspoon oregano

coarse salt

BLACK BEANS PASTE

200 g cooked black beans

1 tablespoon olive oil

1 tablespoon parsley, chopped

1 onion, chopped

2 tablespoons marinade

1 red bell pepper, seedless, cut into cubes

4 rosetta rolls

Mix all the ingredients of the marinade in a bowl. ▶ To prepare the hamburgers, mix the leg, the ground bacon and the breadcrumbs with half the marinade. ▶ To make the paste, in a bowl, mix the beans, the oil, the parsley, the onion and 2 tablespoons of the marinade. Mash well with a fork and put it to one side. ▶ Preheat a griddle or a frying pan and grease it with oil. Season the burgers with salt and fry them for 5 minutes each side. At the same time, place the red bell pepper cubes onto the griddle and turn them over as they fry until they get soft. ▶ In the last minutes, take the rolls to the griddle to lightly toast them. ▶ Spread the black beans paste on one of the half of the rolls. Put the hamburger, the pepper and top it with the other half of the roll.

Serves 4 hamburgers

Hambúrguer à la feijoada

Por incrível que pareça, este *burger* foi inventado pelos americanos, fazendo uma homenagem a um dos símbolos da gastronomia brasileira.

HAMBÚRGUERES

600 g de pernil de porco moído

80 g de *bacon* moído

¼ de xícara de farinha de rosca

metade da marinada

óleo vegetal para untar

sal

MARINADA

1 colher (sopa) de alho amassado

½ xícara de vinagre de vinho tinto

¼ de colher (chá) de pimenta vermelha picada

1 colher (chá) de orégano

sal grosso

PASTA DE FEIJÃO-PRETO

200 g de feijão-preto cozido

1 colher (sopa) de azeite de oliva

1 colher (sopa) de salsinha picada

1 cebola picada

2 colheres (sopa) da marinada

1 pimentão vermelho, sem sementes, cortado em quadrados

4 pães tipo roseta

Misture todos os ingredientes da marinada em uma tigela. ▶ Para preparar os hambúrgueres, misture a pernil, o *bacon* moído e a farinha de rosca com a metade da marinada. Molde quatro hambúrgueres. ▶ Para fazer a pasta, junte em uma tigela o feijão, o azeite, a salsinha, a cebola e duas colheres (sopa) da marinada. Amasse bem com um garfo. Reserve. ▶ Preaqueça uma grelha ou frigideira. Então, unte-a com óleo vegetal. Salgue os hambúrgueres e coloque-os na grelha. Deixe por cerca de 5 minutos de cada lado. Ao mesmo tempo, coloque os pedaços de pimentão na grelha, virando-os de vez em quando, até que fiquem macios. ▶ Nos últimos minutos, leve os pães à grelha para tostar ligeiramente. ▶ Passe a pasta de feijão-preto na metade inferior do pão, coloque o hambúrguer, o pimentão e cubra com a outra metade do pão.

Faz 4 hambúrgueres

Pork loin and fresh peperoni hamburger

Pork loin smoothes the fresh pepperoni sausage. The cream cheese provides the perfect ingredients league.

HAMBURGER

300 g ground pork loin
300 g fresh pepperoni
4 tablespoons sauerkraut
4 garlic cloves, peeled and crushed
2 tablespoons chives, chopped
1 teaspoon ground kummel
½ teaspoon hot paprika, ground
salt, if necessary
olive oil to grease

8 slices of rye bread
olive oil
cream cheese

To prepare the hamburgers, mix the ground pork loin, the pepperoni, the sauerkraut, the garlic, the spring onion, the kummel and the paprika. Be careful with the salt, because the sausage is already salted. Taste the dough before shaping the hamburgers, and if necessary season them with salt. ► Get a griddle or a frying pan really hot and pour in some oil. Fry the burgers for 4 minutes each side. ► In the last minutes, rub the bread slices with oil and take them to toast a little. ► Spread cream cheese on both slices of bread, put the hamburger on one of them and top it with the other slice.

Serves 4 hamburgers

Hambúrguer de lombo e calabresa

O lombo de porco suaviza a calabresa. O *cream cheese* dá a "liga" perfeita aos sabores dos ingredientes.

HAMBÚRGUER

300 g de lombo de porco moído
300 g de linguiça calabresa apimentada
4 colheres (sopa) de chucrute
4 dentes de alho amassados
2 colheres (sopa) de cebolinha picada
1 colher (chá) de *kümmel* moído
½ colher (chá) de páprica picante em pó
sal, se necessário
azeite de oliva para untar

8 fatias de pão de centeio
azeite de oliva
cream cheese

Para preparar o hambúrguer, junte o lombo moído, a linguiça, o chucrute, o alho, a cebolinha, o *kümmel* e a páprica. Cuidado com o sal, pois a linguiça já é salgada. Prove a massa antes de moldar e, se precisar, salgue só mais um pouquinho. Molde quatro hambúrgueres. ► Preaqueça uma grelha ou frigideira. Então, unte-a com o azeite. Coloque os hambúrgueres para grelhar por cerca de 4 minutos de cada lado. ► Nos últimos minutos, unte as fatias de pão com azeite e leve-as à grelha para tostarem ligeiramente. ► Passe *cream cheese* nas duas fatias de pão. Coloque o hambúrguer sobre uma das fatias e cubra com a outra.

Faz 4 hambúrgueres

Breakfast burger – for the ones who like hamburgers for breakfast

Shape the hamburgers the night before and take them to the fridge in the morning for a quick and nutritious breakfast - an American way to begin the day.

450 g chicken thighs, skinless, boned, cut into pieces
¼ cup smoked bacon, cut into cubes
1 green apple, peeled and sliced
¼ cup onion, chopped
2 teaspoons sage
1 teaspoon salt
½ teaspoon red chili, chopped
½ teaspoon clove, ground
2 tablespoons of vegetable oil
4 slices of American cheese

4 slices whole wheat bread, toasted
4 scrambled eggs

The pieces of chicken should be kept in the fridge to get very cold. Beat them in the food processor with the bacon, the apple, the sage, the salt, the pepper and the clove. Beat it until it gets a little chunky. Shape the 4 hamburgers. Place them on a plate, cover them with plastic wrap and take them to cool in the fridge for at least 1 hour. ➤ Get a frying pan (cast iron, if possible) really hot over high heat (2 minutes) and then pour in some oil. Fry the hamburgers for 6 minutes, flip them and lay a slice of cheese on them, and leave for 6 minutes more. ➤ Serve the hamburgers on toasted bread slices with the scrambled eggs on the top.

Serves 4 hamburgers

Breakfast burger – para quem gosta de hambúrgueres logo no café da manhã

Molde os hambúrgueres de véspera e leve-os à frigideira de manhã para um rápido e nutritivo café da manhã. Um jeito bem americano de começar o dia.

450 g de coxas de frango sem pele e sem osso, cortadas em pedaços

¼ de xícara de *bacon* defumado cortado em cubos

1 maçã verde descascada e fatiada

¼ de xícara de cebola picada

2 colheres (chá) de sálvia

1 colher (chá) de sal

½ colher (chá) de pimenta vermelha picada

½ colher (chá) de cravo moído

2 colheres de óleo vegetal

4 fatias de queijo prato

4 torradas de pão integral

4 ovos mexidos

Gele bem os pedaços de frango. Coloque-os no processador com o *bacon*, a cebola, a maçã, a sálvia, o sal, a pimenta e o cravo. Deixe bater até que fique um pouco pedaçudo. Molde quatro hambúrgueres. Coloque-os num prato, cubra com filme plástico e deixe na geladeira por 1 hora no mínimo. ▶ Leve uma frigideira, de preferência de ferro, ao fogo alto. Acrescente o óleo e espere até que fique bem quente (cerca de 2 minutos). Coloque os hambúrgueres na frigideira, sem tampá-la, por 6 minutos. Vire-os, coloque uma fatia de queijo sobre cada um e deixe por mais 6 minutos. ▶ Sirva os *burgers* em torradas de pão integral, cobertos com os ovos mexidos.

Faz 4 hambúrgueres

Salmon Burger with Caccio Cavallo cheese

This combination is very unusual, but believe me: it is really good.

450 g salmon fillet, skinless and boneless
½ cup breadcrumbs
3 tablespoons Caccio Cavallo cheese, coarsely grated
¼ cup onion, chopped
1 teaspoon mustard
2 tablespoons mayonnaise
2 teaspoons dill, chopped
salt
black pepper, freshly ground
vegetable oil, in spray

4 slices of Caccio Cavallo cheese
8 slices of *pumpernickel* (German bread)

Cut the salmon into very small cubes. Mix the salmon, the breadcrumbs, the grated cheese, the onion, the mustard, the mayonnaise and the dill in a bowl. Season with salt and pepper. ► Shape 4 hamburgers and spray them with vegetable oil. Take them to the coldest place of the fridge and leave them there for at least 1 hour. ► Get a frying pan really hot and fry the hamburgers for 4 minutes each side. Put a slice of bread on the hamburgers when they are still frying and let the cheese melt for about 1 minute. ► Toast the slices of bread a little and put the hamburgers between two slices of *pumpernickel*.

Serves 4 hamburgers

Hambúrguer de salmão com queijo Caccio Cavallo

Esta combinação é muito pouco comum, mas, pasme, fica muito boa.

450 g de filé de salmão sem pele e sem espinhas

½ xícara de farinha de rosca

3 colheres (sopa) de queijo *Caccio Cavallo* ralado grosso

¼ de xícara de cebola picada

1 colher (chá) de mostarda

2 colheres (sopa) de maionese

2 colheres (chá) de *dill* picado

sal

pimenta-do-reino moída na hora

óleo vegetal em *spray*

4 fatias finas de *Caccio Cavallo*

8 fatias de pão *pumpernickel*

Corte o salmão em cubos bem pequenos. Em uma tigela, misture o salmão, a farinha de rosca, o queijo ralado, a cebola, a mostarda, a maionese e o *dill*. Tempere com sal e pimenta. ▶ Molde quatro hambúrgueres e unte-os com o óleo vegetal em *spray*. Leve-os à parte mais fria da geladeira por 1 hora. ▶ Aqueça bem a frigideira. Frite os hambúrgueres por aproximadamente 4 minutos de cada lado. Ainda com os hambúrgueres na frigideira, coloque uma fatia de queijo sobre cada um e cubra com uma tampa de panela por 1 minuto, até que o queijo derreta. ▶ Dê uma tostadinha no pão e coloque os burgers entre duas fatias de *pumpernickel*.

Faz 4 hambúrgueres

Asian salmon burger with ginger and lemon sauce – with endive salad

Salmon and ginger go very well together, especially when the salmon is chopped.

HAMBURGERS

450 g salmon fillets, skinless, boned

1 egg

1 tablespoon soy sauce

1 tablespoon fresh ginger, chopped (or ½ teaspoon ground ginger)

½ cup breadcrumbs

1 tablespoon chives, chopped

1 tablespoon freshly squeezed lemon (lemon juice)

salt

black pepper, freshly ground

vegetable oil in spray

GINGER SAUCE AND LEMON

¼ cup onion, finely chopped

1 garlic clove, peeled and crushed

1 tablespoon freshly chopped ginger (or ½ tablespoon ground ginger)

1 tablespoon freshly squeezed lemon (lemon juice)

1 teaspoon soy sauce

½ teaspoon sugar

ENDIVE SALAD

2 tablespoons olive oil

2 tablespoons sesame oil

2 tablespoons onion, coarsely chopped

4 endives cut into big pieces

salt

black pepper, freshly ground

2 tablespoons sesame seeds, toasted

4 whole-wheat hamburger buns topped with sesame

Beat all the ingredients of the ginger sauce and the lemon in a blender and set aside. ▶ To prepare the hamburgers, cut the salmon into very small cubes. In a bowl, beat the egg with the soy sauce and the ginger. Add the salmon, the breadcrumbs, the chives, the onion, the lemon juice and season with salt and pepper. Mix all the ingredients well with a wooden spoon. ▶ Shape it into 4 hamburgers and spray them with the vegetable oil. Fry the hamburgers in a preheated frying pan for about 5 minutes. ▶ Meanwhile, prepare the endive salad. Heat some sesame oil in a big pan and fry the onion until golden. Add the endives and stir-fry them, always stirring, until the leaves wither. Turn the heat down and season them with salt, pepper and oil and sprinkle with some sesame seeds. ▶ Serve on a hamburger bun with sesame seeds topped with the ginger sauce and lemon, along with the endive salad, still warm.

Serves 4 hamburgers

Burger asiático de salmão com molho de gengibre e limão – com salada de endívia

Salmão e gengibre combinam muito bem, sobretudo quando o salmão é picado.

HAMBÚRGUERES

450 g de filé de salmão sem pele e sem espinhas

1 ovo

1 colher (sopa) de *shoyu*

1 colher (sopa) de gengibre fresco picado (ou ½ colher (sopa) de gengibre em pó)

½ xícara (chá) de farinha de rosca

1 colher (sopa) de cebolinha picada

2 colheres (sopa) de cebola roxa picada

1 colher (sopa) de suco de limão espremido na hora

sal e pimenta-do-reino moída na hora

óleo vegetal em *spray*

MOLHO DE GENGIBRE E LIMÃO

¼ de xícara de cebola picada

1 dente de alho amassado

1 colher (sopa) de gengibre fresco picado (ou ½ colher (sopa) de gengibre em pó)

1 colher (sopa) de suco de limão espremido na hora

¼ de xícara (chá) de *shoyu*

½ colher (chá) de açúcar

SALADA DE ENDÍVIA

2 colheres (sopa) de azeite de oliva

2 colheres (sopa) de óleo de gergelim

2 colheres (sopa) de cebola picada não muito fina

4 endívias picadas em pedaços grandes

sal e pimenta-do-reino moída na hora

2 colheres (sopa) de gergelim torrado

4 pães pretos (ou integrais) de hambúrguer com gergelim

Bata todos os ingredientes do molho de gengibre e limão no liquidificador e reserve. ▶ Para preparar os hambúrgueres, corte o salmão em cubos bem pequenos. Em uma tigela, bata o ovo com o *shoyu* e o gengibre. Acrescente o salmão, a farinha de rosca, a cebolinha, a cebola, o suco de limão e tempere com sal e pimenta. Com uma colher de pau, misture bem os ingredientes. ▶ Molde quatro hambúrgueres e unte-os com o óleo vegetal em *spray*. Aqueça a chapa ou a grelha e frite ou asse cada um dos lados por aproximadamente 5 minutos. ▶ Enquanto os hambúrgueres ficam prontos, prepare a salada de endívia. Esquente o óleo de gergelim em uma panela grande. Adicione a cebola e frite-a até que fique levemente dourada. Acrescente as endívias e refogue, mexendo sempre, até que as folhas murchem. Abaixe o fogo, tempere com azeite, sal e pimenta, e espalhe as sementes de gergelim. ▶ Sirva em pão preto ou integral de hambúrguer com gergelim, cobertos com o molho de gengibre e limão e acompanhados da salada de endívia ainda quente.

Faz 4 hambúrgueres

Salmon hamburger with hot ginger sauce

This way may turn out to be your favorite way to prepare salmon. You will never have to suffer with a dry salmon filet after this delicious hamburger.

HAMBURGERS

700 g salmon filet, skinless, boned, cut into cubes and chilled in the fridge

½ cup onion, chopped

1/8 cup coriander, chopped

3 onions, chopped

2 tablespoons garlic, crushed

2 tablespoons ginger, chopped

1 tablespoon soy sauce

2 teaspoons ground curry

½ teaspoon chili, chopped

2 tablespoons vegetable oil

GINGER HOT SAUCE

¼ cup chicken gravy

¼ cup sweet-sour Chinese red sauce

2 tablespoons ginger, chopped

2 tablespoons garlic, finely chopped

½ tablespoon cornstarch, dissolved in orange juice

½ teaspoon Asian chili sauce (or another hot pepper sauce)

4 slices of *pumpernickel*

Mix all the ingredients of the sauce and set aside. ▶ Before preparing the hamburgers, the salmon should be chilled in the fridge. When it is already very cold, put all the ingredients (except the oil) in the food processor and beat them a little. The mixture should get a little chunky. Shape 4 hamburgers, place them on a plate and cover them with wrapping film and put the plate into the fridge for at least 1 hour. ▶ Then take a frying pan (iron cast) or a griddle pan to high heat. Put 2 tablespoons of oil and wait for it to get really hot (about 2 minutes). Place the burgers on the pan for 5 minutes. Flip them and let them fry for another 4 minutes. If you like them pink, reduce the time from 4 to 3 minutes. ▶ While the burgers are frying, take another frying pan to the stove, wait for it to get hot and put the sauce to thicken a little (about 2 minutes). Serve the hamburgers on the *pumpernickel* bread with the sauce on the top.

Serves 4 hamburgers

Hambúrguer de salmão com molho apimentado de gengibre

Este poderá se tornar seu jeito favorito de preparar salmão. Você nunca mais terá de sofrer com um filé de salmão seco depois deste saboroso hambúrguer.

HAMBÚRGUERES

700 g de filé de salmão sem pele, sem espinhas, cortado em cubos e reservado na geladeira

½ xícara de cebola picada

¼ de xícara (café) de coentro picado

3 cebolinhas picadas

2 colheres (sopa) de alho amassado

2 colheres (sopa) de gengibre picado

2 colheres (sopa) de óleo de gergelim

1 colher (sopa) de *shoyu*

1 colher (sobremesa) de *curry* em pó

1 colher (café) de pimenta-dedo-de-moça picada

2 colheres (sopa) de óleo vegetal

MOLHO APIMENTADO DE GENGIBRE

¼ de xícara de caldo de galinha

¼ de xícara de molho chinês vermelho (agridoce)

2 colheres (sopa) de gengibre picado

2 colheres (sopa) de alho bem picado

½ colher (sopa) de amido de milho (maisena) dissolvido em 1 colher (sopa) de suco de laranja

½ colher (chá) de molho *chili* asiático (ou outra pimenta forte)

4 fatias de pão tipo *pumpernickel*

Misture todos os ingredientes do molho e reserve. ▶ Antes de preparar os hambúrgueres, deixe o salmão gelar bem. Com ele bem gelado, coloque todos os ingredientes (exceto o óleo) no processador e bata um pouco. A mistura deve ficar meio pedaçuda. Molde quatro hambúrgueres. Coloque-os num prato, cubra com filme plástico e deixe na geladeira por 1 hora no mínimo. ▶ Então, leve uma frigideira, de preferência de ferro, ao fogo alto. Acrescente duas colheres (sopa) de óleo e espere até que fique bem quente (cerca de 2 minutos). Coloque os hambúrgueres na frigideira, sem tampá-la, por 5 minutos. Vire-os e deixe por mais 4 minutos. Se preferir mais rosado, reduza 1 minuto de cada lado. ▶ Enquanto os hambúrgueres estiverem fritando, leve outra frigideira ao fogo. Espere esquentar e coloque o molho para engrossar (cerca de 2 minutos). ▶ Sirva os hambúrgueres sobre os *pumpernickel* cobertos com o molho.

Faz 4 hambúrgueres

Fresh salmon hamburger with parsley and lemon mayonnaise

Fresh salmon must be always served medium. Its flavor gets more delicate as well as its juices, which get perfect. If it is a little pink in the middle, it is even better.

HAMBURGERS

700 g salmon filet, skinless, boned

⅓ cup breadcrumbs

2 filets of anchovies, mashed in 2 tablespoons of water

1 tablespoon chives, chopped

1 tablespoon freshly squeezed lemon juice

1 tablespoon Dijon mustard

black pepper, freshly ground

sunflower oil to grease

coarse salt, ground

LEMON AND PARSLEY MAYONNAISE

⅓ cup mayonnaise

1 cup parsley, chopped

¼ teaspoon garlic, crushed

2 tablespoons freshly squeezed lemon juice

black pepper, freshly ground

ONION MARINADE

1 small red onion, sliced

1 ½ tablespoon apple vinegar

4 *ciabatta* bread rolls

8 fresh spinach leaves

Put all the ingredients of the mayonnaise in a bowl and mix them well. Cover it and take it to the fridge. ▶ To prepare the hamburgers, cut the salmon filets into cubes with a big knife; then, cut them again until they get like minced meat. Transfer it to a large bowl and add the breadcrumbs, the anchovies, the chives, the lemon juice, the mustard and the pepper. Shape to 4 square hamburgers, like the shape of the bread, cover them and take them to the fridge for 1 hour. ▶ In a bowl, marinade the onion in the vinegar and set aside. ▶ Preheat a griddle or a frying pan, and, when it gets really hot and grease with the sunflower oil. Season the burgers with salt; put them to grill for about 2 minutes each side. ▶ In the last minutes, place the bread rolls on the griddle to lightly toast them, spread mayonnaise on them, put two leaves of spinach, the burger and a slice of onion marinated in the vinegar. Place the other half of bread on the top.

Serves 4 hamburgers.

Hambúrguer de salmão fresco com maionese de salsinha e limão

O salmão fresco deve ser sempre servido "ao ponto". O sabor fica mais delicado, e a suculência, ideal. Se ficar rosado no meio, melhor ainda.

HAMBÚRGUERES

700 g de filé de salmão sem pele e sem espinhas

⅓ de xícara de farinha de rosca

2 filés de anchova amassados em 2 colheres (sopa) de água

1 colher (sopa) de cebolinha picada

1 colher (sopa) de suco de limão espremido na hora

1 colher (sopa) de mostarda de Dijon

pimenta-do-reino moída na hora

óleo de girassol para untar

sal grosso moído

MAIONESE DE SALSINHA E LIMÃO

⅓ de xícara de maionese

1 xícara de salsinha picada

½ colher (café) de alho amassado

2 colheres (sopa) de suco de limão espremido na hora

pimenta-do-reino moída na hora

MARINADA DE CEBOLA

1 cebola roxa pequena, fatiada

1 ½ colher (sopa) de vinagre de maçã

4 pães tipo *ciabatta*

8 folhas frescas de espinafre

Coloque todos os ingredientes da maionese numa tigela e misture bem. Cubra e leve à geladeira. ► Para preparar os hambúrgueres, com uma faca grande de *chef*, corte o salmão em cubos, depois o pique até que fique na textura de carne moída. Transfira para uma tigela grande, acrescente a farinha de rosca, a anchova, a cebolinha, o suco de limão, a mostarda e a pimenta. Molde quatro hambúrgueres retangulares como o pão, cubra e leve à geladeira por cerca de 1 hora. ► Em uma tigela, marine a cebola no vinagre e reserve. ► Preaqueça uma grelha ou frigideira. Então, unte-a com o óleo de girassol. Salgue os hambúrgueres. Coloque-os para grelhar por cerca de 2 minutos de cada lado. ► Nos últimos minutos, coloque os pães cortados ao meio na grelha para tostarem ligeiramente. ► Passe a maionese no pão; em seguida, coloque duas folhas de espinafre, o hambúrguer e uma fatia da cebola marinada no vinagre. Cubra com a outra metade do pão.

Faz 4 hambúrgueres

Fresh tuna hamburger with mango purée

Fresh tuna makes a great hamburger, and with far less fat. The mango purée is a wonderful option for a topping.

HAMBURGERS

450 g tuna fish, cut into cubes
1 medium onion, chopped
3 chives, chopped
2 teaspoons coriander, chopped
2 tablespoons garlic, crushed
2 tablespoons ginger, chopped
1 tablespoon Dijon mustard
½ cup wheat flour to coat
2 tablespoons vegetable oil
salt

MANGO PURÉE

1 tablespoon vegetable oil
1 small onion, chopped
3 chives, chopped
2 tablespoons ginger, chopped
1 mango, peeled, cut into small cubes
2 teaspoons coriander, chopped
1 teaspoon red chili, chopped
2 tablespoons freshly squeezed lemon
salt

4 hamburger buns

To prepare the mango purée, heat a medium-size pan, drizzle some oil and add the onion, the chives, and the ginger. Stir-fry it until the onion is softened. Add the mango, the coriander, and the chili and let it cook for another 1 minute. Pour the lemon juice into the mixture, check the salt and let it cool off. Beat it in the food processor until it gets a purée consistency, adding water until it gets creamy. ▶ To make the hamburgers, beat all the ingredients in the food processor, just a little (except the oil and the flour). Shape 4 hamburgers, place them on a plate and cover them with wrapping film and take it to the fridge to chill for at least 1 hour (or until they firm up). ▶ Then, sprinkle the wheat flour on a soup bowl. Coat the hamburgers with the flour, both sides. ▶ Heat the oil in a frying pan, cast iron if possible, and fry the burgers on high heat, no lid on, for 2 minutes. Flip them and let them fry for another 2 minutes. ▶ Serve them on the buns dressed with the mango purée.

Serves 4 hamburgers

Hambúrguer de atum fresco com purê de manga

Atum fresco dá um ótimo hambúrguer e com muito menos gordura. O purê de manga é uma opção maravilhosa como cobertura.

HAMBÚRGUERES

450 g de atum cortado em cubos
1 cebola média picada
3 cebolinhas picadas
2 colheres (chá) de coentro picado
2 colheres (sopa) de alho amassado
2 colheres (sopa) de gengibre picado
1 colher (sopa) de mostarda de Dijon
½ xícara de farinha de trigo para empanar
2 colheres (sopa) de óleo vegetal
sal

PURÊ DE MANGA

1 colher (sopa) de óleo vegetal
1 cebola pequena picada
3 cebolinhas picadas
2 colheres (sopa) de gengibre picado
1 manga descascada, cortada em cubos pequenos
2 colheres (chá) de coentro picado
1 colher (chá) de pimenta dedo-de-moça picada
2 colheres (sopa) de suco de limão espremido na hora
sal

4 pães de hambúrguer

Para preparar o purê de manga, leve uma panela média ao fogo e deixe esquentar. Espalhe o óleo e acrescente a cebola, a cebolinha e o gengibre. Refogue, mexendo sempre, até que a cebola fique transparente. Adicione a manga, o coentro e a pimenta-dedo-de-moça. Cozinhe por mais 1 minuto. Despeje o suco de limão, acerte o sal e deixe esfriar. Bata no processador até formar um purê, adicionando água aos pouquinhos, até adquirir consistência cremosa. ► Para fazer os hambúrgueres, coloque todos os ingredientes no processador (exceto o óleo e a farinha de trigo), e bata um pouco. Molde quatro hambúrgueres. Coloque-os num prato, cubra com filme plástico e deixe na parte mais fria da geladeira por 1 hora no mínimo, até ficar bem firme. ► Então, coloque a farinha de trigo em um prato fundo. Passe os hambúrgueres sobre a farinha, dos dois lados, para empaná-los. ► Leve uma frigideira, de preferência de ferro, ao fogo alto. Acrescente o óleo e espere até que fique bem quente. Coloque os hambúrgueres na frigideira, sem tampá-la, por 2 minutos. Vire-os e deixe por mais 2 minutos. ► Sirva em pães de hambúrguer, com o purê de manga.

Faz 4 hambúrgueres

Tuna hamburger with Dijon mustard

The tuna and the remarkable Dijon mustard are a unique combination, for each one preserves its own identity in an unbeatable blend.

1 tablespoon vegetable oil

¼ cup onion, chopped

¼ cup red or yellow bell pepper, chopped

450 g tuna filet, skinless, cut into very small cubes

1 egg, lightly beaten

2 tablespoons Dijon mustard

2 tablespoons parsley, chopped

salt

black pepper, freshly ground

¼ cup olive oil

8 slices of brown bread

Heat the oil in a frying pan. Add the onion and the pepper and fry them until they are softened (about 5 minutes). Transfer to a bowl and set aside. ► In another bowl, add the tuna fish, the egg, the mustard and the parsley. Season with salt and pepper. Add the fried onion and pepper. Stir the mixture with a wooden spoon. Shape it into 4 hamburgers and cover them with plastic wrap. Take to refrigerate in the coolest part of the fridge for about 1 hour. ► Heat the olive oil in the same frying pan you fried the onion and the pepper and fry the hamburgers for about 4 minutes each side. ► Place them on the lightly toasted slices of bread.

Serves 4 hamburgers

Hambúrguer de atum com mostarda Dijon

O atum e a marcante mostarda Dijon fazem uma bela combinação. Cada um preserva sua personalidade, numa combinação imbatível.

1 colher (sopa) de óleo vegetal

¼ de xícara de cebola picada

¼ de xícara de pimentão vermelho ou amarelo picado

450 g de filé de atum sem pele, cortado em cubos bem pequenos

1 ovo ligeiramente batido

2 colheres (sopa) de mostarda Dijon

2 colheres (sopa) de salsinha picada

sal

pimenta-do-reino moída na hora

¼ de xícara de azeite de oliva

8 fatias de pão preto

Esquente o óleo em uma frigideira quente. Frite a cebola e o pimentão até que estejam macios (cerca de 5 minutos). Transfira para uma tigela e reserve. ► Em uma tigela, junte o atum, o ovo, a mostarda e a salsinha. Tempere com sal e pimenta. Acrescente a cebola com o pimentão fritos. Misture tudo com uma colher de pau. Molde quatro hambúrgueres. Cubra-os com filme plástico e leve à parte mais fria da geladeira por cerca de 1 hora. ► Esquente o azeite de oliva na mesma frigideira em que fritou a cebola e o pimentão e frite os hambúrgueres por aproximadamente 4 minutos de cada lado. ► Monte sobre pão preto levemente torrado.

Faz 4 hambúrgueres

Smoked trout hamburger with horseradish mayonnaise

The smoked trout has a very distinctive flavor. The flavor of the grilled smoked trout is absolutely unique.

HAMBURGERS

2 cups smoked trout, mashed with a fork

1 tablespoon chives, chopped

1 tablespoon parsley, chopped

1 egg, lightly beaten

2 tablespoons milk

½ cup breadcrumbs

4 tablespoons butter, unsalted

salt (a little because the trout is already salted)

black pepper, freshly ground

HORSERADISH MAYONNAISE

3 tablespoons mayonnaise

1 tablespoon Dijon mustard

1 tablespoon horseradish, pickled or fresh, grated

whole-wheat hamburger buns coated with poppy seeds

Mix all the ingredients of the horseradish mayonnaise and take it to refrigerate until you serve. ► To prepare the hamburgers, put the trout, the chives, and the parsley into a bowl. Add the egg, the milk and 2 tablespoons of breadcrumbs. Mix well with a fork, and shape the 4 hamburgers. Sprinkle salt and pepper over them and coat them with the remaining flour. ► Heat the butter in a frying pan and fry the hamburgers until golden, for about 4 minutes each side. ► Serve on whole-wheat buns dressed with the horseradish mayonnaise.

Serves 4 hamburgers

Hambúrguer de truta defumada com maionese de raiz-forte

A truta defumada tem um sabor muito presente. O defumado acrescido do sabor da grelha torna este *burger* absolutamente único.

HAMBÚRGUERES

2 xícaras de trutas defumadas amassadas com o garfo

1 colher (sopa) de cebolinha picada

1 colher (sopa) de salsinha picada

1 ovo levemente batido

2 colheres (sopa) de leite

½ xícara de farinha de rosca

4 colheres (sopa) de manteiga sem sal

sal (pouco, pois a truta defumada é salgada)

pimenta-do-reino moída na hora

MAIONESE DE RAIZ-FORTE

3 colheres (sopa) de maionese

1 colher (sopa) de mostarda de Dijon

1 colher (sopa) de raiz-forte em conserva ou fresca, ralada

pão de hambúrguer integral com sementes de papoula

Misture todos os ingredientes da maionese de raiz-forte e mantenha-a refrigerada até servir. ► Para preparar os hambúrgueres, coloque a truta, a cebolinha e a salsinha numa tigela. Acrescente o ovo, o leite e 2 colheres (sopa) de farinha de rosca. Misture tudo com um garfo. Molde quatro hambúrgueres. Sobre eles coloque o sal e a pimenta. Depois, empane-os com a farinha de rosca restante. ► Aqueça a manteiga em uma frigideira e frite os hambúrgueres, até ficarem dourados, por cerca de 4 minutos de cada lado. ► Sirva em pão de hambúrguer integral com sementes de papoula e com a maionese de raiz-forte.

Faz 4 hambúrgueres

Eggplant hamburger with smoked muzzarella and tapenade

This is a different vegetarian burger, very delicious, with a unique texture.

HAMBURGERS

4 tablespoons olive oil

4 thick slices onion

4 thick slices eggplant, skinless

4 shiitake mushrooms

4 slices smoked Caccio Cavallo cheese (smoked mozzarella)

4 slices tomato

TAPENADE

½ cup black olives

2 anchovy filets

1 teaspoon Dijon mustard

4 slices Italian bread

Beat all ingredients of the tapenade in the food processor or mixer and put aside. ▶ To make the hamburgers, heat 2 tablespoons of oil in an iron cast frying pan and wait for it to get very hot. Put the onion slices and fry them for 4 minutes, until golden on one side; then, flip them and fry them on the other side. Transfer the onions to a plate and cover them with kitchen towel to drain. ▶ Drizzle the frying pan with another spoon of oil and wait for it to get hot, then add the eggplant slices and fry them for about 4 minutes each side. Transfer the eggplant to the onion dish, on top of the kitchen towel. ▶ Heat another spoon of oil in the pan and add the mushrooms, fry them for about 4 minutes, flip them and coat them with the mozzarella. Wait for the cheese to melt and then place the mushroom on the slice of bread with the cheese upwards. ▶ Fry the tomato slices for 30 seconds, turn them over and fry them for another 15 seconds. ▶ Finish the burgers by placing one slice of eggplant on the mushroom, a slice of onion, one slice of tomato and the tapenade. Serve on the plate to be eaten with knife and fork.

Serves 4 hamburgers

+ The tapenade may be kept in the fridge for 2 days.

Hambúrguer de berinjela com mozarela defumada e tapenade

É um burger vegetariano diferente, muito gostoso, e tem uma textura única.

HAMBÚRGUERES

4 colheres (sopa) de azeite de oliva

4 fatias grossas de cebola

4 fatias grossas de berinjela sem casca

4 cogumelos *shiitake*

4 fatias de *Caccio Cavallo* defumado fatiado (mozzarella defumada)

4 fatias de tomate

TAPENADE

½ xícara de azeitonas pretas

2 filés de anchovas

1 colher (chá) de mostarda de Dijon

4 fatias de pão italiano

Bata todos os ingredientes da *tapenade* no processador (ou liquidificador) e reserve. ▶ Para fazer os hambúrgueres, leve uma frigideira, de preferência de ferro, ao fogo alto. Acrescente duas colheres de azeite e espere até que fique bem quente. Coloque as fatias de cebola e frite por 4 minutos, até que fiquem douradas de um lado. Vire-as cuidadosamente e doure-as do outro lado. Transfira as cebolas para um prato e cubra-as com uma folha de papel toalha. ▶ Unte a frigideira com mais uma colher de azeite. Espere esquentar, adicione as fatias de berinjela e frite-as por cerca de 4 minutos de cada lado. Transfira as berinjelas para o prato das cebolas, sobre o papel toalha. ▶ Unte a frigideira com mais uma colher de azeite. Espere esquentar e adicione os cogumelos. Frite-os de um lado, por cerca de 4 minutos. Vire-os e cubra com a *mozzarella*. Cozinhe até o queijo começar a derreter, e então transfira cada cogumelo para uma fatia de pão italiano, com o lado do queijo virado para cima. ▶ Leve as fatias de tomate à frigideira bem quente por 30 segundos. Vire-as e deixe cozinhar por mais 15 segundos. ▶ Termine a montagem dos *burguers*, colocando uma fatia de berinjela sobre o cogumelo com o queijo derretido, uma fatia de cebola, uma de tomate e a tapenade. Sirva no prato, para comer com garfo e faca.

Faz 4 hambúrgueres

+ A *tapenade* pode ser mantida na geladeira por até 2 dias.

Three-grain green hamburger

Nobody shall hear this: this veggie burger is great!

½ cup Moroccan couscous, cooked
¼ cup chickpeas, cooked
¼ brown rice, cooked
2 tablespoons olive oil
1 garlic clove, crushed
1 tablespoon chives, chopped
2 tablespoons mushrooms, chopped
1 tablespoon balsamic vinegar
¼ cup onion, chopped
¼ cup carrot, chopped
1 ½ tablespoon fines herbs
1 egg white
½ cup breadcrumbs
salt
black pepper, freshly ground
vegetable oil, in spray

4 slices 7-cereal bread

Mix the couscous, the chickpeas and the brown rice in a bowl and set aside. ▶ Heat a spoon of oil in a Teflon frying pan and fry the garlic with the onion, until golden. Add the mushrooms and fry for another 5 minutes. Add the vinegar and cook for 1 minute more. Beat the mixture in the food processor until you get a purée and set aside. In the same pan, add the rest of the oil and fry the onion and the carrot until they get soft. ▶ Mix the fried onion and carrots with the purée, the couscous, the chickpeas and the brown rice in the bowl. Add the fines herbs, the egg white and the breadcrumbs. Mix well with a wooden spoon and season with salt and pepper. Shape it into 4 hamburgers, cover them with plastic wrap and take them to the fridge to refrigerate for at least 1 hour. ▶ Heat the vegetable oil in a frying pan and when it is very hot, fry the hamburgers for 4 minutes each side, until golden. Place them on one slice of bread.

Serves 4 hamburgers

Hambúrguer vegetal de três grãos

Que ninguém nos ouça, mas este hambúrguer *veggie* é ótimo.

½ xícara de cuscuz marroquino cozido
¼ de xícara de grão-de-bico cozido
¼ de xícara de arroz integral cozido
2 colheres (sopa) de azeite de oliva
1 dente de alho amassado
1 colher (sopa) de cebolinha picada
2 colheres (sopa) de cogumelos fatiados
1 colher (sopa) de vinagre balsâmico
¼ de xícara de cebola picada
¼ de xícara de cenoura picada
1 ½ colher (sopa) de ervas finas
1 clara de ovo
½ xícara de farinha de rosca
sal
pimenta-do-reino moída na hora
óleo vegetal em *spray*

4 fatias de pão sete cereais

Junte o cuscuz, o grão-de-bico e o arroz integral cozidos numa tigela e reserve. ▶ Em uma frigideira antiaderente, aqueça uma colher (sopa) de azeite e frite o alho e a cebolinha até que dourem. Acrescente o cogumelo e frite por mais 5 minutos. Adicione o vinagre e cozinhe por mais 1 minuto. Bata no processador até obter um purê e reserve. Na mesma frigideira, acrescente o restante do azeite e frite a cebola e a cenoura até que fiquem macias. ▶ Misture a cebola e a cenoura fritas e o purê com o cuscuz, o grão-de-bico e o arroz integral, na tigela. Acrescente as ervas finas, a clara de ovo e a farinha de rosca. Mexa bem com uma colher de pau e tempere com sal e pimenta. Molde quatro hambúrgueres, cubra com um filme plástico e leve à geladeira por no mínimo 1 hora. ▶ Unte uma frigideira antiaderente com óleo vegetal em *spray* e leve ao fogo. Quando estiver bem quente, frite os hambúrgueres, até que fiquem dourados, por cerca de 4 minutos de cada lado. Monte sobre apenas uma fatia de pão sete cereais.

Faz 4 hambúrgueres

Shiitake mushroom hamburger

This burger is veggie, of course, but it is incredible how the shiitake texture resembles meat: a vegetarian dish with the flavor and the taste of meat!

½ cup olive oil

2 garlic cloves, peeled and crushed

1 tablespoon red onion, chopped

1 tablespoon fresh basil, chopped

salt

black pepper, freshly ground

4 big shiitake mushrooms

4 hamburger buns

Heat the oil in a medium-size frying pan. Add the garlic and the onion and fry them until they get soft. Sprinkle the chopped basil over them and season with salt and pepper. Take everything out of the pan and set aside. ► Place the mushrooms in the same pan and grill them for about 2 minutes, each side. Then, pour the mixture over them. ► Heat the bun in halves. On each half, put a shiitake with the spices on it and cover with the other half of the bun. If you prefer, eat with the shiitake on just one half, with a fork and a knife.

Serves 4 hamburgers

Hambúrguer de cogumelo shiitake

Este hambúrguer é *veggie*, claro, mas é incrível como a textura do *shiitake* lembra a da carne. Um prato vegetariano com sabor de uma boa carne.

½ xícara de azeite de oliva

2 dentes de alho amassados

1 colher (sopa) de cebola roxa picada

1 colher (sopa) de manjericão fresco picado

sal

pimenta-do-reino moída na hora

4 cogumelos *shiitake* bem grandes

4 pães de hambúrguer

Aqueça o azeite em uma frigideira média. Acrescente o alho e a cebola e frite até que fiquem macios. Espalhe o manjericão sobre o alho e a cebola. Tempere com sal e pimenta. Retire tudo da frigideira e reserve. ► Na mesma frigideira, coloque os cogumelos e grelhe-os por cerca de 2 minutos de cada lado. Depois, despeje a mistura sobre eles. ► Aqueça os pães de hambúrguer divididos em metades. Sobre cada parte de baixo coloque um *shiitake* com os temperos e cubra-os com a outra metade do pão. Usando somente a base do pão e servindo no prato, fica ainda melhor.

Faz 4 hambúrgueres

Índice das receitas

RECIPES INDEX

Cheeseburguer de alcatra com cogumelo shiitake e queijo de cabra **29**
Rump cheeseburger with shiitake mushroom and goat cheese **28**

Hambúrguer de alcatra com pimentão vermelho e guacamole **31**
Rump hamburger with red bell pepper and guacamole **30**

Hambúrguer Califórnia grelhado com abacate e cebola caramelizada **33**
California hamburger grilled with avocado and caramelized onion **32**

Hambúrguer de alcatra à moda cubana **35**
Rump hamburger the Cuban way **34**

Hambúrguer de maminha e blue cheese com cebola frita **37**
Sirloin tip hamburger with blue cheese and fried onions **36**

Hambúrguer portenho com molho chimichurri **39**
Porteño hamburger with chimichurri sauce **38**

Hambúrguer de fraldinha com portobello, maionese de tomate seco e mistura picante **41**
Flank steak hamburger with portobello, sun-dried tomato mayonnaise and spicy mix **40**

Hambúrguer de fraldinha com vinho branco e manjericão **43**
Flank steak hamburger with white wine and basil **42**

Neguimaki burger **45**
Negimaki burger **44**

Hambúrguer de almôndega com cogumelos glaceados **49**
Meat ball hamburger with glacé mushrooms **48**

Hambúrguer de steak tartare **51**
Steak tartare hamburger **50**

Bruschetta de hambúrguer toscano **53**
Bruschetta hamburger **52**

Hambúrguer de kafta **55**
Kafta hamburger **54**

Hambúrguer siciliano com mozarela de búfala e manteiga de tomate doce **57**
Sicilian hamburger with buffalo mozzarela and sweet tomato butter **56**

Hambúrguer de vitelo com funghi porcini **59**
Veal hamburger with porcini funghi **58**

Hambúrguer de vitelo em focaccia **61**
Veal hamburger in focaccia **60**

Hambúrguer de maminha e cordeiro com molho aïoli **63**
Sirloin tip and lamb hamburger with aioli sauce **62**

Hambúrguer de cordeiro com mostarda e berinjela grelhada **65**
Lamb hamburger with mustard and grilled eggplant **64**

Hambúrguer de cordeiro hot **67**
Hot lamb hamburger **66**

Hambúrguer de cordeiro e queijo feta com espinafre e molho de iogurte com kümmel **71**
Lamb hamburger and feta cheese with spinach and yogurt sauce with kummel **70**

Hambúrguer oriental de frango com shiitake grelhado **73**
Chicken oriental hamburger with grilled shiitake **72**

Hambúrguer reggiano com pesto **75**
Reggiano hamburger with pesto **74**

Míni-búrguer de pato com creme de shiitake **77**
Mini duck hamburger with shiitake cream **76**

Hambúrguer de pernil de porco com gengibre, batata e cebola **81**
Pork leg hamburger with ginger, potato and onion **80**

Hambúrguer à la feijoada **83**
Hamburger "à la feijoada" **82**

Hambúrguer de lombo e calabresa **85**
Pork loin and fresh peperoni hamburger **84**

Breakfast burger – para quem gosta de hambúrgueres logo no café da manhã **87**
Breakfast burger – for the ones who like hamburgers for breakfast **86**

Hambúrguer de salmão com queijo Caccio Cavalo **89**
Salmon hamburger with Caccio Cavalo cheese **88**

Hambúrguer asiático de salmão com molho de gengibre e limão com salada de endívia **91**
Asian salmon hamburger with ginger and lemon sauce with endive salad **90**

Hambúrguer de salmão com molho apimentado de gengibre **93**
Salmon hamburger with hot ginger sauce **92**

Hambúrguer de salmão fresco com maionese de salsinha e limão com salada de endívia **95**
Fresh salmon hamburger with parsley and lemon mayonnaise with endive salad **94**

Hambúrguer de atum fresco com purê de manga **97**
Fresh tuna hamburger with mango purée **96**

Hambúrguer de atum com mostarda Dijon **99**
Tuna hamburger with Dijon mustard **98**

Hambúrguer de truta defumada com maionese de raiz-forte **101**
Smoked trout hamburger with horseradish mayonnaise **100**

Hambúrguer de berinjela com mozarela defumada e tapenade **103**
Eggplant hamburger with smoked mozzarella and tapenade **102**

Hambúrguer vegetal de três grãos **105**
Three-grain green hamburger **104**

Hambúrguer de cogumelo shiitake **107**
Shiitake mushroom hamburger **106**

"Não sou vegetariano porque adoro animais; sou vegetariano porque detesto plantas."
"I'm not a vegetarian because I love animals; I'm a vegetarian because I hate plants."

WHITNEY BROWN
escritora americana
american writer

Este livro foi publicado em 2012 pela Companhia Editora Nacional.
CTP, impressão e acabamento pela IBEP Gráfica, em São Paulo.